한글만 알아도 시작하는

하루 한 장 일본어

한선희·이이호시 카즈야 공저

한글만 알아도 시작하는
하루 한 장 일본어

지은이 한선희, 이이호시 카즈야
펴낸이 정규도
펴낸곳 (주)다락원

초판 1쇄 인쇄 2025년 10월 13일
초판 1쇄 발행 2025년 10월 20일

편집장 송화록
편집 김은경
디자인 장미연, 이승현
일러스트 셔터스톡

다락원 경기도 파주시 문발로 211
내용문의 (02)736-2031 내선 460~465
구입문의 (02)736-2031 내선 250~252
Fax (02)732-2037
출판등록 1977년 9월 16일 제406-2008-000007호

Copyright ⓒ 2025, 한선희, 이이호시 카즈야

저자 및 출판사의 허락 없이 이 책의 일부 또는 전부를 무단 복제·전재·발췌할 수 없습니다. 구입 후 철회는 회사 내규에 부합하는 경우에 가능하므로 구입문의처에 문의하시기 바랍니다. 분실·파손 등에 따른 소비자 피해에 대해서는 공정거래위원회에서 고시한 소비자 분쟁 해결 기준에 따라 보상 가능합니다. 잘못된 책은 바꿔 드립니다.

ISBN 978-89-277-1321-0 13730

http://www.darakwon.co.kr

- 다락원 홈페이지를 방문하시면 상세한 출판 정보와 함께 MP3 자료, 가나쓰기장, 카드 등 다양한 어학 정보를 얻으실 수 있습니다.
- 다락원 홈페이지에서 "한글만 알아도 시작하는 하루 한 장 일본어"를 검색하시거나 표지의 QR코드를 찍으시면 저자직강 강의 및 MP3, 말하기 훈련 영상을 보실 수 있습니다.

머리말

세상은 넓지만, 거리는 점점 가까워지고 있습니다. 이제는 아침에 한국에서 식사하고, 일본에서 쇼핑을 한 뒤, 저녁엔 다시 한국에서 식사할 수 있는 시대가 되었죠. 길거리에는 J-POP이 흘러나오고, 넷플릭스에선 언제든 일본 영화를 감상할 수 있으며, 유튜브·트위터·인스타그램을 통해 일본 친구들과 자유롭게 소통할 수 있습니다.

일본어 노래를 듣다 보면 가사의 의미가 궁금해지고, 일본 여행을 가면 하고 싶은 말을 직접 하고 싶어지죠. 바로 그런 분들을 위해, 쉽고 빠르게 배우고 실제로 써볼 수 있도록 만든 교재가 바로 『한글만 알아도 시작하는 하루 한 장 일본어』입니다.

일본어는 문자 체계가 독특해서 처음 접하면 당황하기 쉽습니다. 히라가나는 규칙이 없어 보이고, 가타카나로 표기된 외래어 발음은 익숙하지 않죠. 그래서 많은 분들이 히라가나에서 막혀 일본어 공부를 포기하곤 합니다. 그런 분들께 이 책을 권해 드립니다.

『한글만 알아도 시작하는 하루 한 장 일본어』는 히라가나를 몰라도 일본어를 시작할 수 있도록, 한국어 발음을 먼저 제시하고 있습니다. 한국어로 먼저 읽고 들으며 따라 하다 보면 어느새 자연스럽게 히라가나로 읽는 것이 익숙해지고, 일본어가 조금씩 입에 붙기 시작할 거예요.

일본어와 한국어는 발음이 비슷한 단어가 많습니다. 예를 들어 '가방'은 일본어로도 '가방'이고, '간단[간딴]' 역시 일본어로 '간딴'이죠. 이렇게 소리도 비슷하고 뜻도 유사한 단어들이 많아, 한글 표기를 따라 읽다 보면 자연스럽게 히라가나도 익히게 되고, 반복해서 듣다 보면 단어들도 쉽게 암기됩니다.

이 책은 한글 표기와 함께 품사별 표현 패턴을 보기 쉽게 도식화하여 한눈에 이해할 수 있도록 하였고, 각 패턴 간 연결고리를 통해 자연스럽게 흐름을 익히도록 구성했습니다.

QR코드를 통해 바로 음성을 들을 수 있어 언제 어디서든 학습이 가능하고, 강의 보기에서는 저자가 직접 화면을 띄우고 설명하기 때문에 학습 효과가 더욱 높아집니다. 또 총 5시간 30분 분량의 말하기 훈련 영상으로 반복해서 따라 하다 보면, 어느새 일본어가 자연스럽게 나올 수 있게 될 거예요.

외국어 공부는 무엇보다도 '재미'가 중요합니다. 『한글만 알아도 시작하는 하루 한 장 일본어』를 통해 일본어를 흥미롭고 즐겁게 배우며, 일본 노래의 가사도 이해하고, 일본 여행에서도 자신 있게 일본어로 소통할 수 있게 되기를 바랍니다.

저자 한선희, 飯干和也 (이이호시 카즈야)

이 교재의 학습법

교재 활용법

각 품사에서 제시되는 패턴을 도식화해서 넣었어요.

한글을 먼저 제시하여 일본어에 대한 부담감을 줄였어요.

연결고리를 통해 쉽게 패턴을 이해할 수 있어요.

패턴마다 QR이 있어요. QR을 찍으면 해당 패턴의 음성과 강의를 볼 수 있어요.

대표 문장을 잘라서 쉽게 문장을 이해할 수 있도록 했어요.

쉬운 문장을 3개 제시하고 아래에는 단어를 실었어요. 한국어로 먼저 말해봐요.

학습한 패턴을 이용하여 문장을 만들어봐요. 히라가나 쓰기가 어렵다면 한글로 먼저 쓰고 음성을 들으며 말해봐요.

각 패턴에서 나온 단어 중 알아두면 좋을 단어를 뽑아 한자 쓰기장으로 만들었어요. 한자를 알면 의미 파악이 훨씬 빨라진답니다~.

음성듣기와 강의보기 활용법

QR을 찍으면 오른쪽 화면으로 넘어가요.

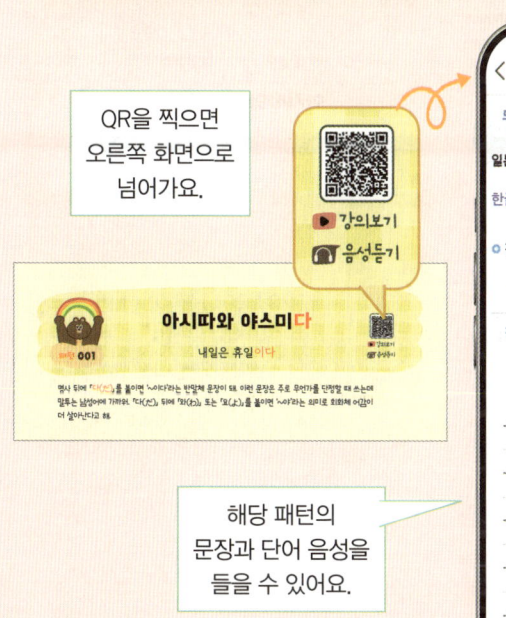

해당 패턴의 문장과 단어 음성을 들을 수 있어요.

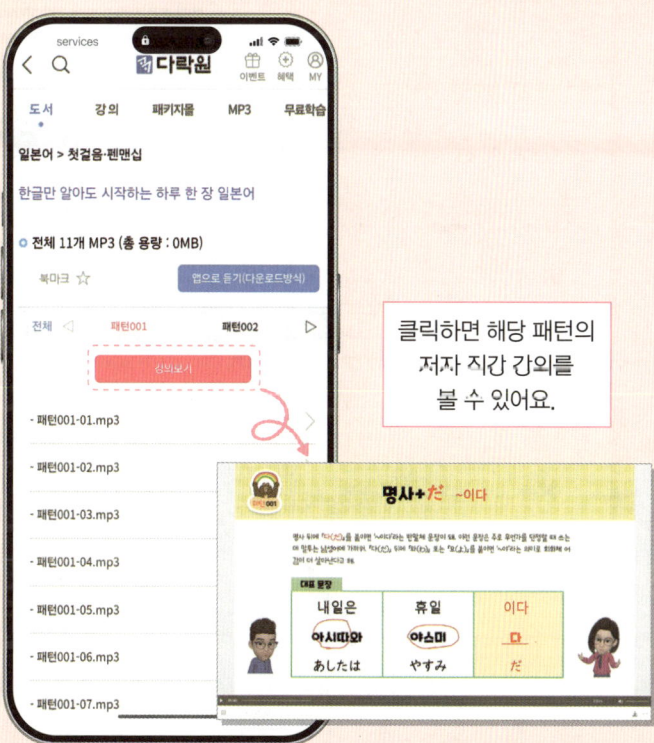

클릭하면 해당 패턴의 저자 직강 강의를 볼 수 있어요.

말하기 훈련 영상 활용법

표지에 있는 QR을 찍은 후 강의·MP3 자료 로 들어오면 100개의 패턴별 자료가 나와요.

표지에 있는 QR을 찍은 후 동영상 으로 들어오면 총 5시간 30분 분량의 **말하기 훈련 영상**을 볼 수 있어요.

예) 말하기 훈련_1 명사.mp4

한국어 음성이 한 번, 일본어 음성이 두 번 차례대로 나와요. 듣고 따라해 봐요.

차례

1 명사

001	~이다(다)
002	~이다(닷따)
003	~이 아니다(쟈 나이)
004	~이 아니었다(쟈 나캇따)
005	~입니다(데스)
006	~이었습니다(데시따)
007	~이 아닙니다(쟈 나이데스)
008	~이 아니었습니다(쟈 나캇따데스)

2 나형용사 (な)

009	~하다(다)
010	~했다(닷따)
011	~하지 않다(쟈 나이)
012	~하지 않았다(쟈 나캇따)
013	~합니다(데스)
014	~했습니다(데시따)
015	~하지 않습니다(쟈 나이데스)
016	~하지 않았습니다(쟈 나캇따데스)
017	~하는, ~한(나)
018	~하고, ~해서(데)

3 이형용사 (い)

019	~하다(이)
020	~했다(캇따)
021	~하지 않다(꾸 나이)
022	~하지 않았다(꾸 나캇따)
023	~합니다(데스)
024	~했습니다(캇따데스)
025	~하지 않습니다(꾸 나이데스)
026	~하지 않았습니다(꾸 나캇따데스)
027	~하고, ~해서(쿠떼)
028	~하게 하다(꾸 스루)
029	~해지다(꾸 나루)

4 동사기본형과 동사마스형 (ます)

030	~하다
031	~합니다(마스)
032	~(었/았)습니다(마시따)
033	~하지 않습니다(마셍)

차례 7

4 동사 기본형과 동사 마스형	034	~하지 않았습니다(마셍데시따)
	035	~합시다(마쇼-)
	036	~할까요?(마쇼-까)
	037	~하지 않을래요?(마셍까)

5 질문할 때 쓰는 말	038	몇 개?(이쿠쯔?)	045	어디에서?(도꼬데?)
	039	얼마?(이꾸라?)	046	얼마나?(도노구라이?)
	040	언제?(이쯔?)	047	어떤(돈나)
	041	누군가(다레까)	048	무엇(나니·난)
	042	아무도(다레모)	049	무슨(난노)
	043	어때?(도-?)	050	뭔가(나니까)
	044	왜?(도-시떼?)	051	아무것도(나니모)

6 명사에 붙는 표현	052	~이 있습니다(가 아리마스/이마스)
	053	~와(또)
	054	~을 갖고 싶습니다(가 호시-데스)
	055	~·입니까? ~·입니까?(데스까, 데스까)
	056	~부터 ~까지(까라, 마데)
	057	~라고 합니다(또 이-마스)
	058	~을 만납니다(니 아이마스)
	059	~을 좋아합니다/싫어합니다(가 스끼데스/키라이데스)
	060	~로 하겠습니다(니 시마스)
	061	~이 됩니다(니 나리마스)
	062	~만, ~뿐(다께)
	063	~에는(니와)
	064	~밖에 없습니다(시까 아리마셍)
	065	~을 주세요(오 쿠다사이)

7 동사 기본형에 붙는 표현	066	~할 수 있습니다(코또가 데끼마스)
	067	~할 예정(생각)입니다(츠모리데스)
	068	~하기로 합니다(코또니 시마스)
	069	~하기 전에(마에니)
	070	~밖에 없습니다(시까 아리마셍)
	071	~라고 생각합니다(또 오모이마스)
	072	~해요, ~하거든요(은데스)

8 동사 마스(ます)형에 붙는 표현

073	~하면서(나가라)
074	~하러 갑니다(니 이끼마스)
075	~하는 방법(카따)
076	지나치게 ~했습니다(스기마시따)
077	~하고 싶다(따이)
078	~하기 쉽다(야스이)
079	~하기 어렵다(니꾸이)

9 동사 나이(ない)형에 붙는 표현

080	~하지 않다(나이)
081	~하지 않았다(나캇따)
082	~하지 마세요(나이데 쿠다사이)
083	~하지 않도록(나이요-니)
084	~하지 않는 게 좋아(나이 호-가 이-)
085	~하지 않아서(나쿠떼)
086	~해야 합니다(나께레바 나리마셍)

10 동사 테(て)형에 붙는 표현

087	~하고, ~해서(떼)
088	~해 주세요(떼 쿠다사이)
089	~하고 있습니다(떼 이마스)
090	~하고 나서(테까라)
091	~해 둡니다(떼 오끼마스)
092	~해 봅니다(떼 미마스)
093	~해 버렸습니다(떼 시마이마시따)
094	~해도 됩니까?(떼모 이-데스까)
095	~하면 안 됩니다(떼와 이께마셍)

11 동사 타(た)형에 붙는 표현

096	~했다(따)
097	~한 뒤에(따 아또데)
098	~하면(따라)
099	~한 적이 있습니다(따 코또가 아리마스)
100	~하기도 하고 ~하기도 하고(따리, 따리)

오십음도표

일본어는 모음에 근거하여 가로 5글자씩, 자음에 근거하여 10글자씩 총 50개의 글자가 있어. 이것을 '오십음도'라고 하는데, 가로줄을 '행', 세로줄을 '단'이라고 불러. 즉 5개의 단과 10개의 행으로 이루어져 있지.

청음

	あ단	い단	う단	え단	お단
あ행	あ 아	い 이	う 우	え 에	お 오
か행	か 카	き 키	く 쿠	け 케	こ 코
さ행	さ 사	し 시	す 스	せ 세	そ 소
た행	た 타	ち 치	つ 츠	て 테	と 토
な행	な 나	に 니	ぬ 누	ね 네	の 노
は행	は 하	ひ 히	ふ 후	へ 헤	ほ 호
ま행	ま 마	み 미	む 무	め 메	も 모
や행	や 야		ゆ 유		よ 요
ら행	ら 라	り 리	る 루	れ 레	ろ 로
わ행	わ 와				を 오
	ん 응				

탁음

が 가	ぎ 기	ぐ 구	げ 게	ご 고
ざ 자	じ 지	ず 즈	ぜ 제	ぞ 조
だ 다	ぢ 지	づ 즈	で 데	ど 도
ば 바	び 비	ふ 부	べ 베	ぼ 보

반탁음

| ぱ 파 | ぴ 피 | ぷ 푸 | ぺ 페 | ぽ 포 |

요음

きゃ 캬	きゅ 큐	きょ 쿄	りゃ 랴	りゅ 류	りょ 료
しゃ 샤	しゅ 슈	しょ 쇼	ぎゃ 갸	ぎゅ 규	ぎょ 교
ちゃ 챠	ちゅ 츄	ちょ 쵸	じゃ 쟈	じゅ 쥬	じょ 죠
にゃ 냐	にゅ 뉴	にょ 뇨	びゃ 뱌	びゅ 뷰	びょ 뵤
ひゃ 햐	ひゅ 휴	ひょ 효	ぴゃ 퍄	ぴゅ 퓨	ぴょ 표
みゃ 먀	みゅ 뮤	みょ 묘			

발음 표기 기준

1 어두에 나오는 자음은 격음으로 표기
  か のじょ(**카**노죠) 그녀, 여자친구   これ(**코**레) 이것

2 중간이나 마지막에 나오는 격음은 쌍자음으로 표기
  わ**た**し(와**따**시)   あし**た**(아시**따**)

3 격음이 연속으로 이어질 때 뒤의 것만 쌍자음으로 표기
  *단 단어일 때는 그대로 쌍자음으로 표기(발음 편의상의 표기니까 너무 구애받지 않아도 돼)
  ちかて**つ**(치카테**쯔**)
  あ**つ**くない(아**츠꾸**나이) - あ**つ**い(아**쯔**이)
  かたづけ**て**(카따즈케**떼**) - かたづける(카따즈**께**루)

4 외래어는 단어 중간이나 끝에 나와도 격음으로 표기
  デパー**ト**(데파-**토**)   チケッ**ト**(치켓**토**)

5 ん발음은 뒤의 음에 따라 표기
  ㅁ → 뒤에 ㅁ, ㅂ, ㅍ이 올 때   ほ**ん**もの(호**ㅁ**모노)
  ㅇ → 뒤에 ㄱ, ㅋ, ㅇ, ㅎ이 올 때, 문장 끝   ま**ん**が(마**ㅇ**가)
  ㄴ → 나머지 자음이 올 때   べ**ん**とう(베**ㄴ**또-)

6 반탁음(°)은 중간이나 끝에 오면 쌍자음으로 표기
  せん**ぱ**い(센**빠**이)   きっ**ぷ**(킷**뿌**)

7 장음은 −로 표기

ケータイ(케−따이)　　ケーキ(케−키)
げつようび(게쯔요−비)　たんじょうび(탄죠−비)

> **히라가나 장음 규칙**
> 다음과 같이 같은 음이 반복되면 두 음을 이어서 길게 발음해.
>
> 아(a)단+아(a)　おかあさん[ok**aa**saN] → 오까−상[ok**a:**saN]
> 이(i)단+이(i)　おいしい[ois**ii**] → 오이시−[ois**i:**]
> 우(u)단+우(u)　くうき[k**uu**ki] → 쿠−끼[k**u:**ki]
> 에(e)단+에(e)　おねえさん[on**ee**saN] → 오네−상[on**e:**saN]
> 오(o)단+오(o)　おおい[**oo**i] → 오−이[**o:**i]
>
> **주의**
> 에(e)단+이(i)　えいご[**ei**go] → 에−고[**e:**go]
> 오(o)단+우(u)　きのう[kin**ou**] → 키노−[kin**o:**]

8 작은 っ는 모두 'ㅅ'으로 표기
いっぱい(**잇**빠이)　　がっこう(**갓**꼬−)

9 く 뒤에 [s]소리(ㅅ)가 올 때, く를 받침 'ㄱ'으로 표기
が**く**せい(**각**세−)　　お**きゃく**さん(오**꺅**상)　　や**く**そく(**약**소꾸)

> 실제로 들리는 발음에 가깝게 표기했지만
> 더 정확한 발음은 네이티브 음성으로 확인해 봐~.

패턴 001

아시따와 야스미다

내일은 휴일이다

▶ 강의보기
🎧 음성듣기

명사 뒤에 「다(だ)」를 붙이면 '~이다'라는 반말체 문장이 돼. 이런 문장은 주로 무언가를 단정할 때 쓰는데 말투는 남성어에 가까워. 「다(だ)」 뒤에 「와(わ)」 또는 「요(よ)」를 붙이면 '~야'라는 의미로 회화체 어감이 더 살아난다고 해.

대표문장 01

| 아시따와
あしたは
내일은 | 야스미
やすみ
휴일 | 다
だ
이다 |

「하(は)」가 조사(은/는)로 쓰일 때에는 '와'로 발음해.

🦆 다음 문장을 들으면서 그대로 따라해봐!

02 와따시와　카이샤인**다**　　　　　　　　　나는 회사원**이다**.
　　 わたしは　かいしゃいん**だ**。

03 카노죠와　니혼진**다**　　　　　　　　　　여자친구는 일본 사람**이다**.
　　 かのじょは　にほんじん**だ**。

04 코레와　와따시노　케-따이**다요**　　　　이건 내 핸드폰**이야**.
　　 これは　わたしの　ケータイ**だよ**。

05 **아시따**(あした) 내일　**야스미**(やすみ) 휴일　**와따시**(わたし) 나, 저　**카이샤잉**(かいしゃいん) 회사원
카노죠(かのじょ) 그녀, 여자친구　**니혼징**(にほんじん) 일본 사람　**코레**(これ) 이것　**~노**(の) ~의
케-따이(ケータイ) 핸드폰

~다(だ)를 빈칸에 넣어서 직접 문장을 완성해봐!

① 이것은 책이다.

코레와 혼 다

これは　ほん だ。

これは　ほんだ。

これ(코레) 이것
ほん(홍) 책

② 저기가 맥도날드야.

아소꼬가 맛쿠 　　　 요

あそこが　マック 　　　 よ。

あそこ(아소꼬) 저기, 저곳
マック(맛쿠) 맥도날드
(=マクド(마쿠도))

③ 나는 대학생이다.

와따시와 다이각세-

わたしは　だいがくせい

わたし(와따시) 나, 저
だいがくせい(다이각세-) 대학생

④ 오늘은 비야(비가 와).

쿄-와 아메 　　　 요

きょうは　あめ 　　　 よ。

きょう(쿄-) 오늘
あめ(아메) 비

⑤ 여기는 편의점이다.

코꼬와 콤비니

ここは　コンビニ

ここ(코꼬) 여기, 이곳
コンビニ(콤비니) 편의점

패턴 002

키노-와 야스미닷따

어제는 휴일이었다

명사 뒤에 「닷따(だった)」를 붙이면 '~이었다'라는 과거형의 반말체 문장이 돼. '~이다'라는 「다(だ)」의 과거형이야.

대표 문장 01

| 키노-와
きのうは
어제는 | 야스미
やすみ
휴일 | 닷따
だった
이었다 |

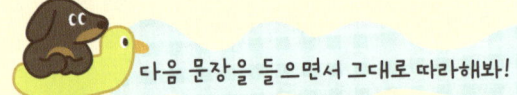
다음 문장을 들으면서 그대로 따라해봐!

02 **코레와　셍엔닷따.**
これは　せんえんだった。
이것은 1000엔이었다.

03 **프레젠토와　타부렛토닷따요.**
プレゼントは　タブレットだったよ。
선물은 태블릿이었어.

04 **키노-노　유-쇼꾸와　카레-닷따.**
きのうの　ゆうしょくは　カレーだった。
어제 저녁식사는 카레였다.

 05

키노-(きのう) 어제　코레(これ) 이것　셍엥(せんえん) 천 엔　프레젠토(プレゼント) 선물
타부렛토(タブレット) 태블릿　유-쇼꾸(ゆうしょく) 저녁식사　카레-(カレー) 카레

갓따(だった)를 빈칸에 넣어서 식섭 문장을 완성해봐!

① 어제는 일요일이었다.

키노-와 니찌요-비 닷따

きのうは にちようび だった。

きのうは にちようびだった。

きのう(키노-) 어제
にちようび(니찌요-비) 일요일

② 지난주는 세일이었다.

센슈-와 세-루

せんしゅうは セール

せんしゅう(센슈-) 지난주
セール(세-루) 세일

③ 젊을 때는 미남이었어.

와까이 코로와 이께멘   요

わかい ころは イケメン   よ。

わかい(와까이) 젊다, 젊은
ころ(코로) 때, 무렵
イケメン(이께멘) 미남

④ 그녀는 대학생이었다.

카노죠와 다이각세-

かのじょは だいがくせい

かのじょ(카노죠) 그녀, 여자친구
だいがくせい(다이각세-) 대학생

⑤ 하루 종일 비였다(비가 왔다).

이찌니찌쥬- 아메

いちにちじゅう あめ

いちにちじゅう(이찌니찌쥬-) 하루 종일
あめ(아메) 비

아시따와 야스미쟈 나이

내일은 휴일이 아니다

패턴 003

「~쟈 나이(じゃ ない)」는 '~이 아니다'란 뜻으로, 명사를 부정할 때 쓰는 표현이야. 회화에서 주로 쓰는데 문장에서는 「~데와 나이(では ない)」라는 표현을 써. 「데와(では)」의 회화체가 「쟈(じゃ)」인 거지.

대표 문장 01

아시따와	야스미	쟈 나이
あしたは	やすみ	じゃ ない
내일은	휴일	이 아니다

다음 문장을 들으면서 그대로 따라해봐!

02 와따시노　모노쟈　나이　　　　내 것이 아니야.
　　 わたしの　ものじゃ　ない。

03 코레와　코-히-쟈　나이　　　　이건 커피가 아니다.
　　 これは　コーヒーじゃ　ない。

04 우소쟈　나이요　혼또-다요　　거짓말이 아냐. 진짜야.
　　 うそじゃ　ないよ。ほんとうだよ。

05 WORD　모노(もの) 것, 물건　　코레(これ) 이것　　코-히-(コーヒー) 커피　　우소(うそ) 거짓말　　혼또-(ほんとう) 진짜, 정말

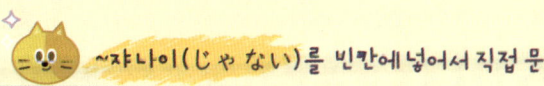

~쟈나이(じゃ ない)를 빈칸에 넣어서 직접 문장을 완성해봐!

🎧11

🎧06 ❶ 이건 공짜가 아니야.　　　　　　　　　　　これ(코레) 이것

　　　코레와 타다 쟈 나이　　　　　　　　　　ただ(타다) 공짜

　　　これは　ただ　じゃ　ない。

　　　これは　ただじゃ　ない。

🎧07 ❷ 여기는 화장실이 아니야.　　　　　　　　　ここ(코꼬) 여기, 이곳

　　　코꼬와 토이레　　　　　　　　　　　　　トイレ(토이레) 화장실

　　　ここは　トイレ

🎧08 ❸ 그 사람은 내 오빠가 아니다.　　　　　　　かれ(카레) 그, 그 사람

　　　카레와 와따시노 아니　　　　　　　　　あに(아니) 형, 오빠

　　　かれは　わたしの　あに

🎧09 ❹ 저기는 백화점이 아니야.　　　　　　　　　あそこ(아소꼬) 저기, 저곳

　　　아소꼬와 데파-토　　　　　　　　　　　デパート(데파-토) 백화점

　　　あそこは　デパート

🎧10 ❺ 거기는 내 집이 아니야.　　　　　　　　　　そこ(소꼬) 거기, 그곳

　　　소꼬와 와따시노 이에　　　　　　　　　いえ(이에) 집

　　　そこは　わたしの　いえ

패턴 004

키노-와 야스미쟈 나캇따

어제는 휴일이 아니었다

강의보기
음성듣기

「~쟈 나캇따(じゃなかった)」는 「~쟈 나이(じゃない)」의 과거형이야. '~이 아니었다'라는 뜻으로, 명사를 과거 부정할 때 쓰는 표현이지. 문장에서는 「~데와 나캇따(ではなかった)」라는 표현을 써.

대표 문장 01

| 키노-와
きのうは
어제는 | 야스미
やすみ
휴일 | 쟈 나캇따
じゃ なかった
이 아니었다 |

다음 문장을 들으면서 그대로 따라해봐!

02 키노-와   아메쟈   나캇따   어제는 비가 아니었다(비가 오지 않았다).
   きのうは   あめじゃ   なかった.

03 코레와   홈모노쟈   나캇따   이것은 진품이 아니었다.
   これは   ほんものじゃ なかった.

04 카레와   카이샤인쟈 나캇따   그는 회사원이 아니었다.
   かれは   かいしゃいんじゃ なかった.

05 키노-(きのう) 어제 아메(あめ) 비 코레(これ) 이것 홈모노(ほんもの) 진짜, 진품 카레(かれ) 그, 그 사람
카이샤잉(かいしゃいん) 회사원

~쟈나캇따(じゃ なかった)를 빈칸에 넣어서 직접 문장을 완성해봐!

06 ① 그는 거짓말쟁이가 아니었다.

카레와 우소츠끼 쟈 나캇따

かれは うそつき じゃ なかった。

かれは うそつきじゃ なかった。

かれ(카레) 그, 그 사람
うそつき(우소츠끼) 거짓말쟁이

07 ② 그녀는 미인이 아니었다.

카노죠와 비진

かのじょは びじん

かのじょ(카노죠) 그녀
びじん(비징) 미인

08 ③ 그는 대학생이 아니었다.

카레와 다이각세-

かれは だいがくせい

だいがくせい(다이각세-) 대학생

09 ④ 그것은 소문이 아니었다.

소레와 우와사

それは うわさ

それ(소레) 그것
うわさ(우와사) 소문

10 ⑤ 그곳은 역이 아니었다.

소꼬와 에끼

そこは えき

そこ(소꼬) 거기, 그곳
えき(에끼) 역

패턴 005

아시따와 야스미데스

내일은 휴일입니다

강의보기
음성듣기

명사 뒤에 「데스(です)」를 붙이면 '~입니다'라는 문장이 돼. 「다(だ)」의 정중한 말이야.

대표 문장 01

아시따와	야스미	데스
あした は	やすみ	です
내일은	휴일	입니다

다음 문장을 들으면서 그대로 따라해봐!

02 **와따시와 카슈데스**
　　わたしは　かしゅです。　　　　　　　나는 가수입니다.

03 **라이넹와 우마도시데스**
　　らいねんは　うまどしです。　　　　　내년은 말띠 해입니다.

04 **이리구찌와 아소꼬데스**
　　いりぐちは　あそこです。　　　　　　입구는 저기예요.

05 WORD

카슈(かしゅ) 가수　　라이넹(らいねん) 내년　　우마도시(うまどし) 말띠 해　　이리구찌(いりぐち) 입구
아소꼬(あそこ) 저기, 저곳

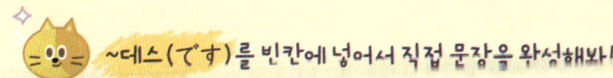
~데스(です)를 빈칸에 넣어서 직접 문장을 완성해봐!

🎧11

🎧06 ❶ 나는 한국 사람입니다.

와따시와 캉코꾸진 데스

わたしは　かんこくじん　です。

わたしは　かんこくじんです。

わたし(와따시) 나, 저
かんこくじん(캉코꾸징) 한국 사람

🎧07 ❷ 그는 아이돌입니다.

카레와 아이도루

かれは　アイドル

かれ(카레) 그, 그 사람
アイドル(아이도루) 아이돌

🎧08 ❸ 내일은 월요일입니다.

아시따와 게쯔요-비

あしたは　げつようび

あした(아시따) 내일
げつようび(게쯔요-비) 월요일

🎧09 ❹ 시험은 1시부터예요.

시껭와 이찌지까라

しけんは　いちじから

しけん(시껭) 시험
いちじ(이찌지) 1시
~から(까라) ~부터, ~에서

🎧10 ❺ 오늘은 엄마(의) 생신입니다.

쿄-와 하하노 탄죠-비

きょうは　ははの　たんじょうび

きょう(쿄-) 오늘
はは(하하) 엄마, 어머니
たんじょうび(탄죠-비) 생일, 생신

I 명사 25

패턴 006 키노-와 야스미데시따

어제는 휴일이었습니다

강의보기
음성듣기

명사 뒤에 「데시따(でした)」를 붙이면 '~이었습니다'라는 문장이 돼. 「데스(です)」의 과거형이야.

대표 문장 01

키노-와	야스미	데시따
きのうは	やすみ	でした
어제는	휴일	이었습니다

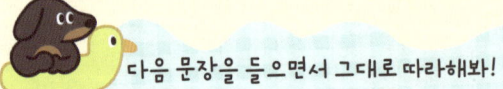

다음 문장을 들으면서 그대로 따라해봐!

02 **카레와   센세-데시따**
   かれは   せんせいでした。   그는 선생님이었습니다.

03 **쇼꾸지와   오벤또-데시따**
   しょくじは おべんとうでした。   식사는 도시락이었습니다.

04 **카요-비와 치찌노   탄죠-비데시따**
   かようびは ちちの   たんじょうびでした。   화요일은 아빠(의) 생신이었습니다.

WORD

카레(かれ) 그, 그 사람   센세-(せんせい) 선생님   쇼꾸지(しょくじ) 식사   오벤또-(おべんとう) 도시락
카요-비(かようび) 화요일   치찌(ちち) 아빠, 아버지   탄죠-비(たんじょうび) 생일, 생신

~데시따(でした)를 빈칸에 넣어서 직접 문장을 완성해봐!

① 저는 은행원이었습니다.

와따시와 깅꼬-인 [데시따]

わたしは ぎんこういん [でした]。

わたしは ぎんこういんでした。

ぎんこういん(깅꼬-잉) 은행원

② 백화점은 세일 중이었습니다.

데파-토와 세-루쮸- [　　]

デパートは セールちゅう [　　]

[　　]

デパート(데파-토) 백화점
セールちゅう(세-루쮸-) 세일 중

③ 지난주는 눈이었습니다(눈이 왔습니다).

센슈-와 유끼 [　　]

せんしゅうは ゆき [　　]

[　　]

せんしゅう(센슈-) 지난주
ゆき(유끼) 눈

④ 어렸을 때는 울보였습니다.

코도모노 토끼와 나끼무시 [　　]

こどもの ときは なきむし [　　]

[　　]

こども(코도모) 아이, 어린이
とき(토끼) 때
なきむし(나끼무시) 울보

⑤ 이곳은 옛날에 성이었습니다.

코꼬와 무까시 오시로 [　　]

ここは むかし おしろ [　　]

[　　]

ここ(코꼬) 여기, 이곳
むかし(무까시) 옛날에
おしろ(오시로) 성

아시따와 야스미쟈 나이데스

패턴 007

내일은 휴일이 아닙니다

강의보기
음성듣기

「~쟈 나이데스(じゃ ないです)」는 「~쟈 나이(じゃ ない)」의 정중 표현이야. '~이 아닙니다'라는 뜻인데, 명사를 부정할 때 쓰는 표현이지. 「~쟈 나이(じゃない)」 뒤에 「데스(です)」만 붙이면 돼.

대표 문장 01

아시따와	야스미	쟈 나이데스
あしたは	やすみ	じゃ ないです
내일은	휴일	이 아닙니다

다음 문장을 들으면서 그대로 따라해봐!

02 **와따시와   각세-쟈   나이데스**
　　わたしは　がくせいじゃ　ないです。
　　저는 학생이 아닙니다.

03 **코꼬와   토이레쟈   나이데스**
　　ここは　トイレじゃ　ないです。
　　여기는 화장실이 아닙니다.

04 **우케츠께와   코꼬쟈   나이데스**
　　うけつけは　ここじゃ　ないです。
　　접수처는 여기가 아닙니다.

05 WORD   각세-(がくせい) 학생   코꼬(ここ) 여기, 이곳   토이레(トイレ) 화장실   우케츠께(うけつけ) 접수처

~쟈나이데스(じゃ ないです)를 빈칸에 넣어서 직접 문장을 완성해봐!

🎧11

🎧06 ❶ 엄마는 주부가 아닙니다.

하하와 슈후 쟈 나이데스

はは しゅふ じゃ ないです。

はは しゅふじゃ ないです。

はは(하하) 엄마, 어머니

しゅふ(슈후) 주부

🎧07 ❷ 이 핸드폰은 제 것이 아닙니다.

코노 케-따이와 와따시노 모노

この ケータイは わたしの もの

この(코노) 이

ケータイ(케-따이) 핸드폰

もの(모노) 것, 물건

🎧08 ❸ 그녀는 수다쟁이가 아닙니다.

카노죠와 오샤베리

かのじょは おしゃべり

かのじょ(카노죠) 그녀

おしゃべり(오샤베리) 수다쟁이

🎧09 ❹ 그것은 홍차가 아닙니다.

소레와 코-쨔

それは こうちゃ

それ(소레) 그것

こうちゃ(코-쨔) 홍차

🎧10 ❺ 타는 곳은 여기가 아닙니다.

노리바와 코꼬

のりばは ここ

のりば(노리바) 타는 곳

ここ(코꼬) 여기, 이곳

Ⅰ명사 **29**

패턴 008

키노-와 야스미쟈 나캇따데스

어제는 휴일이 아니었습니다

「~쟈 나캇따데스(じゃ なかったです)」는 「~쟈 나캇따(じゃ なかった)」의 정중 표현이야. '~이 아니었습니다'라는 뜻인데, 명사를 과거 부정할 때 써.

대표 문장 🎧01

키노-와	야스미	쟈 나캇따데스
きのうは	やすみ	じゃ なかった です
어제는	휴일	이 아니었습니다

🐛 다음 문장을 들으면서 그대로 따라해봐!

🎧02 **코레와   프레젠토쟈   나캇따데스**
これは   プレゼントじゃ   なかったです。
이것은 선물이 아니었습니다.

🎧03 **소레와   케-따이쟈   나캇따데스**
それは   ケータイじゃ   なかったです。
그것은 핸드폰이 아니었습니다.

🎧04 **소노   히또와   샤인쟈   나캇따데스**
その   ひとは   しゃいんじゃ なかったです。
그 사람은 사원이 아니었습니다.

🎧05 **WORD**
코레(これ) 이것   프레젠토(プレゼント) 선물   소레(それ) 그것   케-따이(ケータイ) 핸드폰
소노 히또(その ひと) 그 사람   샤잉(しゃいん) 사원

30

~쟈나캇따데스(じゃ なかったです)를 빈칸에 넣어서 직접 문장을 완성해삐!

🎧11

🎧06 ❶ 그는 샐러리맨이 아니었습니다.

　　카레와 사라리-만 　쟈 나캇따데스

　　かれは　サラリーマン　じゃ　なかったです。

　　かれは　サラリーマンじゃ　なかったです。

かれ(카레) 그, 남자친구

サラリーマン(사라리-망)
샐러리맨

🎧07 ❷ 그녀는 중국 사람이 아니었습니다.

　　카노죠와 츄-고꾸진

　　かのじょは　ちゅうごくじん

かのじょ(카노죠) 그녀, 여자친구

ちゅうごくじん(츄-고꾸징)
중국 사람

🎧08 ❸ 저녁식사는 라면이 아니었습니다.

　　유-쇼꾸와 라-멘

　　ゆうしょくは　ラーメン

ゆうしょく(유-쇼꾸) 저녁식사

ラーメン(라-멩) 라면

🎧09 ❹ 그 백은 진품이 아니었습니다.

　　소노 밧구와 홈모노

　　その　バッグは　ほんもの

バッグ(밧구) 백, 가방

ほんもの(홈모노) 진짜, 진품

🎧10 ❺ 저기는 출구가 아니었습니다.

　　아소꼬와 데구찌

　　あそこは　でぐち

あそこ(아소꼬) 저기, 저곳

でぐち(데구찌) 출구

한자는 일본어의 힘이야. 읽으면서 따라 써봐!

あに 兄 [아니] 형, 오빠	あに 兄		あめ 雨 [아메] 비	あめ 雨
いえ 家 [이에] 집	いえ 家		いち じ 一時 [이찌지] 1시	いち じ 一時
いちにちじゅう 一日中 [이찌니찌쥬-] 하루 종일	いち にちじゅう 一日中		いりぐち 入口 [이리구찌] 입구	いり ぐち 入口
べんとう お弁当 [오벤또-] 도시락	べん とう お弁当		かいしゃいん 会社員 [카이샤잉] 회사원	かい しゃ いん 会社員
がくせい 学生 [각세-] 학생	がく せい 学生		か 火ようび [카요-비] 화요일	か 火ようび
きのう 昨日 [키노-] 어제	きのう 昨日		げつ 月ようび [게쯔요-비] 월요일	げつ 月ようび
こうちゃ 紅茶 [코-짜] 홍차	こう ちゃ 紅茶		せんえん 千円 [셍엥] 천 엔	せん えん 千円
せんせい 先生 [센세-] 선생님	せん せい 先生		ちち 父 [치찌] 아빠, 아버지	ちち 父

한자는 일본어의 힘이야. 읽으면서 따라 써봐!

ちゅうごくじん 中国人 [츄-고꾸징]	ちゅうごく じん 中国人		でぐち 出口 [데구찌]	で ぐち 出口
중국 사람			출구	
に ほんじん 日本人 [니혼징]	に ほん じん 日本人		の ば 乗り場 [노리바]	の ば 乗り場
일본 사람			타는 곳	
はは 母 [하하]	はは 母		び じん 美人 [비징]	び じん 美人
엄마, 어머니			미인	
ひと 人 [히또]	ひと 人		ほん 本 [홍]	ほん 本
사람			책	
ほんとう 本当 [혼또-]	ほん とう 本当		ほんもの 本物 [홈모노]	ほん もの 本物
진짜, 정말			진짜, 진품	
もの 物 [모노]	もの 物		やす 休み [야스미]	やす 休み
것, 물건			휴식, 휴일	
ゆき 雪 [유끼]	ゆき 雪		らいねん 来年 [라이넹]	らい ねん 来年
눈			내년	
わか 若い [와까이]	わか 若い		わたし 私 [와따시]	わたし 私
젊다			나, 저	

2 な형용사

패턴 009

카레와 유-메-다

그는 유명하다

강의보기
음성듣기

감정이나 상태를 나타내는 말은 형용사에 속하는데, 일본어 형용사에는 이(い)형용사와 나(な)형용사 두 개가 있어. 이(い)형용사는 기본형이 「이(い)」로 끝나는 것이 특징이고, 나(な)형용사는 「다(だ)」로 끝나는 것이 특징이야. 기본적으로 '~하다'라는 뜻이지. 끝의 「い」나 「だ」를 어미라 하고 그 앞부분을 어간이라고 해. 활용할 때 나오는 말이니까 여기서 알아두면 좋아.

대표 문장 01

카레와	유-메-	다
かれは	ゆうめい	だ
그는	유명	하다

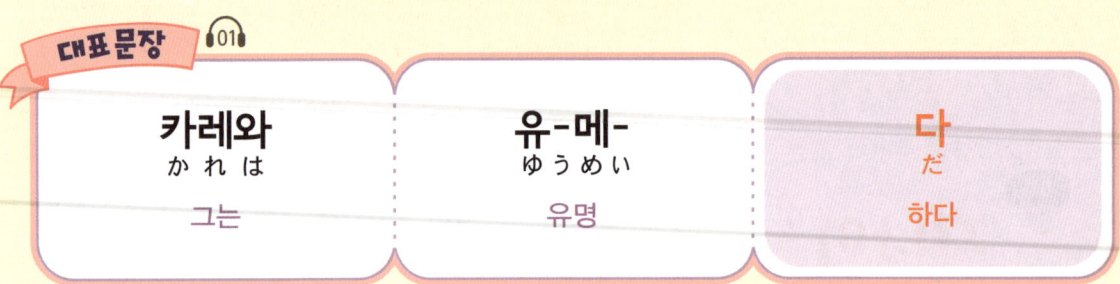

다음 문장을 들으면서 그대로 따라해봐!

02 **치카테쯔와　벤리다요**
ちかてつは　べんりだよ。
지하철은 편리해.

03 **홍대와　니기야까다**
ホンデは　にぎやかだ。
홍대는 번화하다.

04 **사꾸라가　키레-다**
さくらが　きれいだ。
벚꽃이 예쁘다.

05 유-메-다(ゆうめいだ) 유명하다　치카테쯔(ちかてつ) 지하철　벤리다(べんりだ) 편리하다
홍대(ホンデ) 홍대　니기야까다(にぎやかだ) 번화하다　사꾸라(さくら) 벚꽃　키레-다(きれいだ) 예쁘다

~다(だ)를 빈칸에 넣어서 직접 문장을 완성해봐!

06 ① 이 버스는 불편하다.

코노 바스와 후벤 [다]

この　バスは　ふべん [だ]。

　　この　バスは　ふべんだ。

バス(바스) 버스
ふべんだ(후벤다) 불편하다

07 ② 가이드는 친절하다.

가이도와 신세쯔 [　]

ガイドは　しんせつ [　]

ガイド(가이도) 가이드
しんせつだ(신세쯔다) 친절하다

08 ③ 오늘은 너무 한가하다.

쿄-와 토떼모 히마 [　]

きょうは　とても　ひま [　]

きょう(쿄-) 오늘
とても(토떼모) 너무, 매우
ひまだ(히마다) 한가하다

09 ④ 언니(누나)는 건강하다.

아네와 겡끼 [　]

あねは　げんき [　]

あね(아네) 언니, 누나
げんきだ(겡끼다) 건강하다

10 ⑤ 히로시마의 오코노미야키는 유명하다.

히로시마노 오꼬노미야끼와 유-메- [　]

ひろしまの　おこのみやきは　ゆうめい [　]

ひろしま(히로시마) 히로시마〈지명〉
おこのみやき(오꼬노미야끼) 오코노미야키

패턴 010

카레와 유-메-닷따
그는 유명했다

'~하다'의 「다(だ)」 대신 「닷따(だった)」를 붙이면 '~했다'라는 과거형이 돼.

대표 문장 01

카레와	유-메-	닷따
かれ は	ゆうめい	だった
그는	유명	했다

다음 문장을 들으면서 그대로 따라해봐!

02 시껭와   칸딴닷따   시험은 쉬웠다.
    しけんは かんたんだった。

03 키노-와   히마닷따   어제는 한가했다.
    きのうは ひまだった。

04 코노   마찌와   니기야까닷따   이 거리는 북적였다.
    この   まちは   にぎやかだった。

05 WORD

시껭(しけん) 시험   **칸딴다**(かんたんだ) 간단하다, 쉽다   **키노-**(きのう) 어제   **히마다**(ひまだ) 한가하다
마찌(まち) 거리   **니기야까다**(にぎやかだ) 번화하다, 북적이다

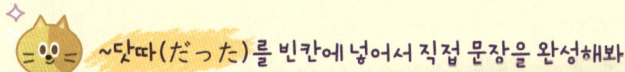 ~닷따(だった)를 빈칸에 넣어서 직접 문장을 완성해봐!

🎧11

🎧06 ❶ 바다(의) 경치가 예뻤다.

　　우미노 케시끼가 키레- 닷따

　　うみの　けしきが　きれい だった。

　　うみの　けしきが　きれいだった。

うみ(우미) 바다

けしき(케시끼) 경치

きれいだ(키레-다) 예쁘다

🎧07 ❷ 젊을 때는 술을 좋아했다.

　　와까이 토끼와 오사께가 스끼

　　わかい　ときは　おさけが　すき

わかい(와까이) 젊다

とき(토끼) 때

おさけ(오사께) 술

~が すきだ(가 스끼다)
~을 좋아하다

🎧08 ❸ 축제는 아주 북적였다.

　　마쯔리와 토떼모 니기야까

　　まつりは　とても　にぎやか

まつり(마쯔리) 축제

とても(토떼모) 매우, 아주

にぎやかだ(니기야까다) 북적이다

🎧09 ❹ 쟈이안은 노래를 잘 못했다.

　　쟈이앙와 우따가 헤따

　　ジャイアンは　うたが　へた

ジャイアン(쟈이앙) 쟈이안(만화
'도라에몽'에 나오는 캐릭터)

うた(우따) 노래

へただ(헤따다) 잘 못한다

🎧10 ❺ 어제는 업무로 힘들었다.

　　키노-와 시고또데 타이헨

　　きのうは　しごとで　たいへん

きのう(키노-) 어제

しごと(시고또) 일, 업무

たいへんだ(타이헨다) 힘들다

2 나 형용사 39

패턴 011

카레와 유-메-쟈 나이

그는 유명하지 않다

▶ 강의보기
🎧 음성듣기

「~쟈 나이(じゃ ない)」는 '~하지 않다'라는 뜻으로, 나(な)형용사를 부정할 때 쓰는 표현이야. 회화에서 주로 쓰여.

대표 문장 01

카레와	유-메-	쟈 나이
かれは	ゆうめい	じゃ ない
그는	유명	하지 않다

🦆 다음 문장을 들으면서 그대로 따라해봐!

02 텡잉와 신세쯔**쟈 나이**
    てんいんは しんせつ**じゃ ない**。
    점원은 친절**하지 않다**.

03 미세와 키레-**쟈 나이**
    みせは きれい**じゃ ない**。
    가게는 깨끗**하지 않다**.

04 신쥬꾸와 시즈까**쟈 나이**
    しんじゅくは しずか**じゃ ない**。
    신주쿠는 조용**하지 않다**.

05 WORD

텡잉(てんいん) 점원 **신세쯔다**(しんせつだ) 친절하다 **미세**(みせ) 가게 **키레-다**(きれいだ) 깨끗하다
신쥬꾸(しんじゅく) 신주쿠〈지명〉 **시즈까다**(しずかだ) 조용하다

~쟈나이(じゃ ない)를 빈칸에 넣어서 직접 문장을 완성해봐!

❶ 운동은 싫어하지 않는다.

운도-와 키라이 [쟈 나이]

うんどうは きらい [じゃ ない]。

うんどうは きらいじゃ ない。

うんどう(운도-) 운동
きらいだ(키라이다) 싫어하다

❷ 다나카 씨는 건강하지 않다.

타나까상와 겡끼 [　　　]

たなかさんは げんき [　　　]

[　　　　　　　　　　　　]

~さん(상) ~씨
げんきだ(겡끼다) 건강하다

❸ 이사는 쉽지 않다.

힛꼬시와 라꾸 [　　　]

ひっこしは らく [　　　]

[　　　　　　　　　　　　]

ひっこし(힛꼬시) 이사
らくだ(라꾸다) 용이하다, 쉽다

❹ 어린이날은 한가하지 않다.

코도모노 히와 히마 [　　　]

こどもの ひは ひま [　　　]

[　　　　　　　　　　　　]

こどもの ひ(코도모노 히) 어린이날
ひまだ(히마다) 한가하다

❺ 일본어는 잘 못한다.

니홍고와 죠-즈 [　　　]

にほんごは じょうず [　　　]

[　　　　　　　　　　　　]

にほんご(니홍고) 일본어
じょうずだ(죠-즈다) 잘한다, 능숙하다

패턴 012

카레와 유-메-쟈 나캇따

그는 유명하지 않았다

「~쟈 나캇따(じゃ なかった)」는 「~쟈 나이(じゃ ない)」의 과거형이야. '~하지 않았다'라는 뜻인데, 나(な)형용사를 부정할 때 쓰는 표현이지.

대표 문장 01

카레와	유-메-	쟈 나캇따
かれは	ゆうめい	じゃ なかった
그는	유명	하지 않았다

다음 문장을 들으면서 그대로 따라해봐!

02 스이에-와 스끼쟈 나캇따   수영은 좋아하지 않았다.
    すいえいは すきじゃ なかった。

03 코노 카방와 죠-부쟈 나캇따   이 가방은 튼튼하지 않았다.
    この かばんは じょうぶじゃ なかった。

04 헤야와 시즈까쟈 나캇따   방은 조용하지 않았다.
    へやは しずかじゃ なかった。

WORD 스이에-(すいえい) 수영   스끼다(すきだ) 좋아하다   카방(かばん) 가방   죠-부다(じょうぶだ) 튼튼하다
헤야(へや) 방   시즈까다(しずかだ) 조용하다

~쟈나캇따(じゃ なかった)를 빈칸에 넣어서 직접 문장을 완성해봐!

1 아버지의 핸드폰은 편리하지 않았다.

치찌노 케-따이와 벤리 쟈 나캇따

ちちの　ケータイは　べんり　じゃ　なかった。

ちちの　ケータイは　べんりじゃ　なかった。

ちち(치찌) 아버지, 아빠
ケータイ(케-따이) 핸드폰
べんりだ(벤리다) 편리하다

2 아이는 활기차지 않았다.

코도모와 겡끼

こどもは　げんき

こども(코도모) 아이, 어린이
げんきだ(겡끼다) 건강하다, 활기차다

3 생선은 신선하지 않았다.

사까나와 신셴

さかなは　しんせん

さかな(사까나) 생선, 물고기
しんせんだ(신셴다) 신선하다

4 이 씨는 성실하지 않았다.

이상와 마지메

イさんは　まじめ

~さん(상) ~씨
まじめだ(마지메다) 성실하다

5 개는 그다지 좋아하지 않았다.

이누와 아마리 스끼

いぬは　あまり　すき

いぬ(이누) 개
あまり(아마리) 그다지
すきだ(스끼다) 좋아하다

패턴 013

카레와 유-메-데스

그는 유명합니다

나(な)형용사의 어간에 「데스(です)」를 붙이면 '~합니다'라는 문장이 돼. 「다(だ)」의 정중한 말이야.

대표 문장 01

카레와	유-메-	데스
かれは	ゆうめい	です
그는	유명	합니다

다음 문장을 들으면서 그대로 따라해봐!

02 파쿠상와 한사무데스
パクさんは ハンサムです。
박 씨는 핸섬합니다.

03 아지가 쥬-요-데스
あじが じゅうようです。
맛이 중요합니다.

04 코노 아푸리와 벤리데스
この アプリは べんりです。
이 앱은 편리합니다.

05 WORD
한사무다(ハンサムだ) 핸섬하다, 잘생기다   아지(あじ) 맛   쥬-요-다(じゅうようだ) 중요하다
아푸리(アプリ) 애플리케이션, 앱   벤리다(べんりだ) 편리하다

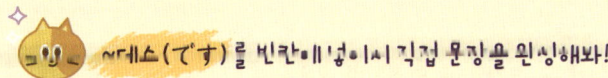
~데스(です)를 빈칸에 넣어서 직접 문장을 완성해봐!

🎧11

🎧06 ❶ 돈이 필요합니다.

오까네가 히쯔요- 데스

おかねが ひつよう です。

おかねが ひつようです。

おかね(오까네) 돈
ひつようだ(히쯔요-다) 필요하다

🎧07 ❷ 여기서 담배는 안 됩니다.

코꼬데 타바코와 다메

ここで タバコは だめ

ここ(코꼬) 여기, 이곳
タバコ(타바코) 담배
だめだ(다메다) 안 된다

🎧08 ❸ 채소는 싫어합니다.

야사이와 키라이

やさいは きらい

やさい(야사이) 채소
きらいだ(키라이다) 싫어하다

🎧09 ❹ 엄마는 요리를 잘 못합니다.

하하와 료-리가 헤따

ははは りょうりが へた

はは(하하) 엄마, 어머니
りょうり(료-리) 요리
へただ(헤따다) 잘 못하다

🎧10 ❺ 회가 아주 신선합니다.

사시미가 토떼모 신센

さしみが とても しんせん

さしみ(사시미) 회
とても(토떼모) 매우, 아주
しんせんだ(신센다) 신선하다

2 나 형용사 45

카레와 유-메-데시따

그는 유명했습니다

나(な)형용사의 어간에 「데시따(でした)」를 붙이면 '~했습니다'라는 문장이 돼. 「데스(です)」의 과거형이야.

대표 문장 01

카레와	유-메-	데시따
かれは	ゆうめい	でした
그는	유명	했습니다

다음 문장을 들으면서 그대로 따라해봐!

02 시껭와   타이헨데시따   시험은 힘들었습니다.
しけんは　たいへんでした。

03 콘사-토와   스테끼데시따   콘서트는 멋졌습니다.
コンサートは　すてきでした。

04 슈꾸다이와   라꾸데시따   숙제는 쉬웠습니다.
しゅくだいは　らくでした。

05 WORD
시껭(しけん) 시험   타이헨다(たいへんだ) 힘들다, 큰일이다   콘사-토(コンサート) 콘서트
스테끼다(すてきだ) 멋지다   슈꾸다이(しゅくだい) 숙제   라꾸다(らくだ) 쉽다, 용이하다

~데시따(でした)를 빈칸에 넣어서 직접 문장을 완성해봐!

🎧11

🎧06 ❶ 점원은 친절했습니다.　　　　　　　　　　　てんいん(텡잉) 점원

　　텡잉와 신세쯔 [데시따]　　　　　　　　　しんせつだ(신세쯔다) 친절하다

　　てんいんは　しんせつ [でした。]

　　[てんいんは　しんせつでした。]

🎧07 ❷ 시험은 망쳤습니다.　　　　　　　　　　　しけん(시껭) 시험

　　시껭와 다메 [　　　　]　　　　　　　　　だめだ(다메다) 안 되다, 망치다

　　しけんは　だめ [　　　　]

　　[　　　　　　　　　　　]

🎧08 ❸ 다나카 씨의 방은 깨끗했습니다.　　　　　　へや(헤야) 방

　　타나까상노 헤야와 키레- [　　　　]　　きれいだ(키레-다) 깨끗하다,

　　たなかさんの　へやは　きれい [　　]　　　예쁘다

　　[　　　　　　　　　　　]

🎧09 ❹ 도쿄의 지하철은 복잡했습니다.　　　　　　とうきょう(토-꾜-) 도쿄

　　토-꾜-노 치카테쯔와 후꾸자쯔 [　　]　　ちかてつ(치카테쯔) 지하철

　　とうきょうの　ちかてつは　ふくざつ [　]　ふくざつだ(후꾸자쯔다) 복잡하다

　　[　　　　　　　　　　　]

🎧10 ❺ 김 씨는 그림을 잘 그렸습니다.　　　　　　え(에) 그림

　　키무상와 에가 죠-즈 [　　　　]　　　　じょうずだ(죠-즈다) 잘한다,

　　キムさんは　えが　じょうず [　　]　　　　능숙하다

　　[　　　　　　　　　　　]

2 나 형용사　47

패턴 015

카레와 유-메-쟈 나이데스

그는 유명하지 않습니다

강의보기
음성듣기

나(な)형용사의 어간에 「~쟈 나이데스(じゃ ないです)」를 붙이면 '~하지 않습니다'라는 뜻이 돼. 「~쟈 나이(じゃ ない)」의 정중형인데, 나(な)형용사를 부정할 때 쓰는 표현이야.

대표 문장 01

| 카레와
かれは
그는 | 유-메-
ゆうめい
유명 | 쟈 나이데스
じゃ ないです
하지 않습니다 |

다음 문장을 들으면서 그대로 따라해봐!

02 카라오케와　스끼쟈　나이데스 노래방은 좋아하지 않습니다.
　　カラオケは　すきじゃ　ないです。

03 소-지와　칸딴쟈　나이데스 청소는 쉽지 않습니다.
　　そうじは　かんたんじゃ　ないです。

04 코노　아푸리와　벤리쟈　나이데스 이 앱은 편리하지 않습니다.
　　この　アプリは　べんりじゃ　ないです。

05 WORD 카라오케(カラオケ) 노래방　스끼다(すきだ) 좋아하다　소-지(そうじ) 청소　칸딴다(かんたんだ) 간단하다, 쉽다　아푸리(アプリ) 애플리케이션, 앱　벤리다(べんりだ) 편리하다

~쟈나이데스(じゃ ないです)를 빈칸에 넣어서 지정 문장을 완성해봐!

① 이 호텔은 조용하지 않습니다.　　　　　　　　　この(코노) 이

　코노 호테루와 시즈까 　쟈 나이데스　　　　　ホテル(호테루) 호텔

　この　ホテルは　しずか　じゃ　ないです。　　しずかだ(시즈까다) 조용하다

　　　この　ホテルは　しずかじゃ　ないです。

② 버스 노선은 복잡하지 않습니다.　　　　　　　　バス(바스) 버스

　바스노 로셍와 후꾸자쯔 　　　　　　　　　　　ろせん(로셍) 노선

　バスの　ろせんは　ふくざつ　　　　　　　　　ふくざつだ(후꾸자쯔다) 복잡하다

③ 이 일은 쉽지 않습니다.　　　　　　　　　　　　しごと(시고또) 일, 업무

　코노 시고또와 라꾸　　　　　　　　　　　　　　らくだ(라꾸다) 쉽다, 편하다

　この　しごとは　らく

④ 이 자전거는 튼튼하지 않습니다.　　　　　　　　じてんしゃ(지뗀샤) 자전거

　코노 지뗀샤와 죠-부　　　　　　　　　　　　　じょうぶだ(죠-부다) 튼튼하다

　この　じてんしゃは　じょうぶ

⑤ 반찬이 충분하지 않습니다.　　　　　　　　　　おかず(오까즈) 반찬

　오까즈가 쥬-분　　　　　　　　　　　　　　　じゅうぶんだ(쥬-분다) 충분하다

　おかずが　じゅうぶん

패턴 016

카레와 유-메-쟈 나캇따데스

그는 유명하지 않았습니다

 강의보기
음성듣기

나(な)형용사의 어간에 「~쟈 나캇따데스(じゃ なかったです)」가 붙으면 '~하지 않았습니다'라는 뜻이 돼. 「~쟈 나캇따(じゃ なかった)」의 정중형인데, 나(な)형용사를 부정할 때 쓰는 표현이야.

대표 문장 01

카레와	유-메-	쟈 나캇따데스
かれ は	ゆうめい	じゃ なかった です
그는	유명	하지 않았습니다

다음 문장을 들으면서 그대로 따라해봐!

02 카라다와 죠-부쟈 나캇따데스
からだは じょうぶじゃ なかったです。
몸은 튼튼하지 않았습니다.

03 키무라상와 겡끼쟈 나캇따데스
きむらさんは げんきじゃ なかったです。
기무라 씨는 건강하지 않았습니다.

04 카레와 마지메쟈 나캇따데스
かれは まじめじゃ なかったです。
그는 성실하지 않았습니다.

05 WORD
카라다(からだ) 몸 죠-부다(じょうぶだ) 튼튼하다 겡끼다(げんきだ) 건강하다, 활기차다
마지메다(まじめだ) 성실하다

~쟈나캇따데스(じゃ なかったです)를 빈칸에 넣어서 직접 문장을 완성해봐!

06 ❶ 레스토랑은 깨끗하지 않았습니다.

レストランは きれー [쟈 나캇따데스]
レストランは きれい じゃ なかったです。
レストランは きれいじゃ なかったです。

レストラン(레스토랑) 레스토랑
きれいだ(키레-다) 깨끗하다, 예쁘다

07 ❷ 이사는 힘들지 않았습니다.

힛꼬시와 타이헨
ひっこしは たいへん

ひっこし(힛꼬시) 이사
たいへんだ(타이헨다) 힘들다

08 ❸ 등산은 쉽지 않았습니다.

야마노보리와 라꾸
やまのぼりは らく

やまのぼり(야마노보리) 등산
らくだ(라꾸다) 쉽다, 편하다

09 ❹ 술자리는 떠들썩하지 않았습니다.

노미까이와 니기야까
のみかいは にぎやか

のみかい(노미까이) 술자리
にぎやかだ(니기야까다) 떠들썩하다, 북적이다

10 ❺ 오늘은 심심하지 않았습니다.

쿄-와 타이쿠쯔
きょうは たいくつ

きょう(쿄-) 오늘
たいくつだ(타이쿠쯔다) 심심하다, 지루하다

패턴 017

카레와 유-메-나 카슈데스

그는 유명한 가수입니다

강의보기
음성듣기

な형용사의 어미 다(だ)를 「나(な)」로 바꾸면 '~하는, ~한'이라는 뜻의 뒷말을 수식하는 표현이 돼. 나(な)형용사라는 이름이 붙은 이유이기도 하지.

대표 문장 01

카레와	유-메-나	카슈데스
かれは	ゆうめいな	かしゅです
그는	유명한	가수입니다

다음 문장을 들으면서 그대로 따라해봐!

02 이상와   겡끼나   히또데스   이 씨는 활기찬 사람입니다.
    イさんは げんきな ひとです。

03 코레와   죠-부나   쿠루마데스   이것은 튼튼한 차입니다.
    これは   じょうぶな くるまです。

04 시즈까나   마찌데스네   조용한 동네네요.
    しずかな   まちですね。

05 **WORD**
카슈(かしゅ) 가수   **겡끼다**(げんきだ) 건강하다, 활기차다   **히또**(ひと) 사람   **죠-부다**(じょうぶだ) 튼튼하다
쿠루마(くるま) 자동차   **시즈까다**(しずかだ) 조용하다   **마찌**(まち) 동네

~나(な)를 빈칸에 넣어서 직접 문장을 완성해봐!

🎧06 ❶ 매우 편리한 앱입니다.

　　　토떼모 벤리 **な** 아푸리데스

　　　とても　べんり　**な**　アプリです。

　　　とても　べんりな　アプリです。

🎧11
とても(토떼모) 매우, 아주
べんりだ(벤리다) 편리하다
アプリ(아푸리) 앱

🎧07 ❷ 친절한 가이드입니다.

　　　신세쯔　　　가이도데스

　　　しんせつ　　　ガイドです。

しんせつだ(신세쯔다) 친절하다
ガイド(가이도) 가이드

🎧08 ❸ 다나카 씨는 성실한 사람입니다.

　　　타나까상와 마지메　　　히또데스

　　　たなかさんは　まじめ　　　ひとです。

まじめだ(마지메다) 성실하다
ひと(히또) 사람

🎧09 ❹ 아주 예쁜 옷이네요.

　　　토떼모 키레-　　　후꾸데스네

　　　とても　きれい　　　ふくですね。

きれいだ(키레-다) 예쁘다
ふく(후꾸) 옷

🎧10 ❺ 내가 제일 좋아하는 음식.

　　　보꾸가 이찌방 스끼　　　타베모노

　　　ぼくが　いちばん　すき　　　たべもの。

ぼく(보꾸) 나〈남자가 씀〉
いちばん(이찌방) 가장, 제일
すきだ(스끼다) 좋아하다
たべもの(타베모노) 음식

카레와 유-메-데 한사무데스

패턴 018

그는 유명하고 핸섬합니다

강의보기
음성듣기

나(な)형용사의 어미 다(だ)를 「데(で)」로 바꾸면 '~하고, ~해서'라는 뜻이 돼. 문장을 연결할 때 쓰는 표현이야.

대표 문장 01

카레와	유-메-데	한사무데스
かれは	ゆうめいで	ハンサムです
그는	유명하고	핸섬합니다

다음 문장을 들으면서 그대로 따라해봐!

02 코노 마찌와 시즈까데 안젠데스
    この まちは しずかで あんぜんです。
이 동네는 조용하고 안전합니다.

03 카노죠와 키레-데 스테끼데스
    かのじょは きれいで すてきです。
그녀는 예쁘고 멋집니다.

04 하하가 겡끼데 시아와세데스
    ははが げんきで しあわせです。
어머니가 건강해서 행복합니다.

05 한사무다(ハンサムだ) 핸섬하다, 잘생기다   마찌(まち) 동네   시즈까다(しずかだ) 조용하다
안젠다(あんぜんだ) 안전하다   카노죠(かのじょ) 그녀   키레-다(きれいだ) 예쁘다   스테끼다(すてきだ) 멋지다
하하(はは) 엄마, 어머니   겡끼다(げんきだ) 건강하다   시아와세다(しあわせだ) 행복하다

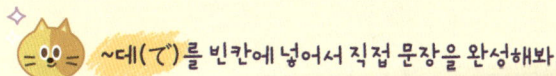
~데(で)를 빈칸에 넣어서 직접 문장을 완성해봐!

🎧06 ❶ 그는 건강하고 밝습니다.

　　　카레와 겡끼 　데　 아까루이데스
　　　かれは　げんき　で　あかるいです。
　　　かれは　げんきで　あかるいです。

🎧11　げんきだ(겡끼다) 건강하다
　　　あかるい(아까루이) 밝다

🎧07 ❷ 이 카페는 조용하고 멋있습니다.

　　　코노 카훼와 시즈까　　오샤레데스
　　　この　カフェは　しずか　　おしゃれです。

　カフェ(카훼) 카페
　しずかだ(시즈까다) 조용하다
　おしゃれだ(오샤레다) 멋부리다, 멋있다

🎧08 ❸ 그 배우는 인기가 있고 유명하다.

　　　소노 하이유- 와 닝끼　　유-메-다
　　　その　はいゆうは　にんき　　ゆうめいだ。

　はいゆう(하이유-) 배우
　にんきだ(닝끼다) 인기가 있다
　ゆうめいだ(유-메-다) 유명하다

🎧09 ❹ 디자인이 심플해서 좋네요.

　　　데자잉가 심푸루　　이-데스네
　　　デザインが　シンプル　　いいですね。

　デザイン(데자잉) 디자인
　シンプルだ(심푸루다) 심플하다
　いい(이-) 좋다

🎧10 ❺ 그는 성실하고 열정이 넘칩니다.

　　　카레와 마지메　　넷신데스
　　　かれは　まじめ　　ねっしんです。

　まじめだ(마지메다) 성실하다
　ねっしんだ(넷신다) 열정이 넘치다

2 な형용사

한자는 일본어의 힘이야. 읽으면서 따라 써봐!

味 [아지]	味		姉 [아네]	姉
맛			언니, 누나	
安全だ [안젠다]	安全だ		犬 [이누]	犬
안전하다			개	
海 [우미]	海		絵 [에]	絵
바다			그림	
お金 [오까네]	お金		お酒 [오사께]	お酒
돈			술	
体 [카라다]	体		車 [쿠루마]	車
몸			자동차	
元気だ [겡끼다]	元気だ		魚 [사까나]	魚
건강하다, 활기차다			생선, 물고기	
幸せだ [시아와세다]	幸せだ		仕事 [시고또]	仕事
행복하다			일, 업무	
十分だ [쥬-분다]	十分だ		上手だ [죠-즈다]	上手だ
충분하다			잘한다	

한자는 일본어의 힘이야. 읽으면서 따라 써봐!

한자	따라쓰기		한자	따라쓰기
じょうぶ 丈夫だ [죠-부다] 튼튼하다	じょう ぶ 丈夫だ		す 好きだ [스끼다] 좋아하다	す 好きだ
たいへん 大変だ [타이헨다] 힘들다	たい へん 大変だ		てんいん 店員 [텡잉] 점원	てん いん 店員
とうきょう 東京 [토-쿄-] 도쿄	とう きょう 東京		にん き 人気だ [닝끼다] 인기가 있다	にん き 人気だ
の かい 飲み会 [노미까이] 술자리	の かい 飲み会		ふく 服 [후꾸] 옷	ふく 服
ふ べん 不便だ [후벤다] 불편하다	ふ べん 不便だ		へ た 下手だ [헤따다] 잘 못한다	へ た 下手だ
へ や 部屋 [헤야] 방	へ や 部屋		べん り 便利だ [벤리다] 편리하다	べん り 便利だ
みせ 店 [미세] 가게	みせ 店		ゆうめい 有名だ [유-메-다] 유명하다	ゆう めい 有名だ

3 い형용사

패턴 019

코노 아니메와 오모시로이

이 애니메이션은 재미있다

▶ 강의보기
🎧 음성듣기

기본형이 「이(い)」로 끝나는 형용사를 이(い)형용사라고 불러. '~하다'라는 뜻인데, 기본형의 형태로 다음에 오는 명사를 수식하기도 해. 이 때는 '~한'으로 해석돼.

대표 문장 01

코노	아니메와	오모시로이
この	アニメは	おもしろい
이	애니메이션은	재미있다

다음 문장을 들으면서 그대로 따라해봐!

02 텡끼가 이이 날씨가 좋다.
    てんきが いい。

03 코노 사푸리와 야스이 이 영양제는 싸다.
    この サプリは やすい。

04 토떼모 아쯔이 히데스 매우 더운 날입니다.
    とても あつい ひです。

05 WORD
아니메(アニメ) 애니메이션   오모시로이(おもしろい) 재미있다   텡끼(てんき) 날씨   이-(いい) 좋다
사푸리(サプリ) 영양제   야스이(やすい) 싸다   토떼모(とても) 매우, 아주   아쯔이(あつい) 덥다, 더운   히(ひ) 날

~이(い)를 빈칸에 넣어서 직접 문장을 완성해봐!

🎧06 ① 이 영화는 굉장히 재미있다.

코노 에-가와 스고꾸 오모시로 이

この えいがは すごく おもしろ い 。

この えいがは すごく おもしろい。

🎧11
えいが(에-가) 영화
すごく(스고꾸) 매우, 굉장히
おもしろい(오모시로이) 재미있다

🎧07 ② 아름다운 야경이네요.

우츠꾸시 　　　　 야께-데스네

うつくし 　　　　 やけいですね。

うつくしい(우츠꾸시-) 아름답다
やけい(야께-) 야경

🎧08 ③ 이런 디자인, 촌스러워!

콘나 데자잉, 다사　　　　 !

こんな デザイン、 ださ　　　　 !

こんな(콘나) 이런
デザイン(데자잉) 디자인
ださい(다사이) 촌스럽다, 세련되지 못하다

🎧09 ④ 수학 수업은 지루하다.

**스-가꾸노 쥬교-와 츠마라나　　　　**

すうがくの じゅぎょうは つまらな　　　　

すうがく(스-가꾸) 수학
じゅぎょう(쥬교-) 수업
つまらない(츠마라나이) 지루하다

🎧10 ⑤ 라면이 맛있는 가게입니다.

라-멩가 오이시　　　　 미세데스

ラーメンが おいし　　　　 みせです。

ラーメン(라-멩) 라면
おいしい(오이시-) 맛있다
みせ(미세) 가게

3 い형용사 61

패턴 020

코노 아니메와 오모시로캇따

이 애니메이션은 재미있었다

이(い)형용사의 어미 「이(い)」를 지우고 「캇따(かった)」를 붙이면 '~했다'라는 과거형의 반말체 문장이 돼. 「~이(い)」의 과거형인데, 이 형태로 뒤에 오는 명사를 수식할 수도 있어. 그 때는 '~했던'으로 해석하면 돼.

대표 문장 01

코노	아니메와	오모시로캇따
この	アニメは	おもしろかった
이	애니메이션은	재미있었다

다음 문장을 들으면서 그대로 따라해봐!

02 **센슈-와 아츠캇따.**
　　 せんしゅうは あつかった。　　　　　　　　지난주는 더웠다.

03 **텡끼가 요캇따.**
　　 てんきが よかった。　　　　　　　　　　날씨가 좋았다.

いい・よい(좋다)의 과거형은 よかった야.

04 **토떼모 타카캇따 란치.**
　　 とても たかかった ランチ。　　　　　　아주 비쌌던 런치(점심).

WORD 05

센슈-(せんしゅう) 지난주　아쯔이(あつい) 덥다　텡끼(てんき) 날씨　이-・요이(いい・よい) 좋다
토떼모(とても) 아주, 매우　타까이(たかい) 비싸다　란치(ランチ) 런치, 점심

~캇따(かった)를 빈칸에 넣어서 직접 문장을 완성해보자!

① 올해는 바빴다.

코또시와 이소가시 [캇따]

ことしは　いそがし [かった] 。

ことしは　いそがしかった。

ことし(코또시) 올해
いそがしい(이소가시-) 바쁘다

② 답장이 늦었다.

헨지가 오소 [　　　]

へんじが　おそ [　　　]

[　　　　　　　　　]

へんじ(헨지) 답장, 답변
おそい(오소이) 늦다

③ 박선생님은 상냥했다.

파쿠센세-와 야사시 [　　　]

パクせんせいは　やさし [　　　]

[　　　　　　　　　]

せんせい(센세-) 선생님
やさしい(야사시-) 상냥하다

④ 약은 너무 썼다.

쿠스리와 토떼모 니가 [　　　]

くすりは　とても　にが [　　　]

[　　　　　　　　　]

くすり(쿠스리) 약
とても(토떼모) 너무, 매우
にがい(니가이) (맛이) 쓰다

⑤ 너무나 즐거웠던 휴가였다.

토떼모 타노시 [　　] 큐-까닷따

とても　たのし [　　]　きゅうかだった。

[　　　　　　　　　]

たのしい(타노시-) 즐겁다
きゅうか(큐-까) 휴가

3 이 형용사 63

코노 아니메와 오모시로꾸 나이

이 애니메이션은 재미있지 않다

이(い)형용사의 어미 「이(い)」를 지우고 「꾸 나이(く ない)」를 붙이면 '~하지 않다'라는 부정 표현이 돼. 「~이(い)」의 부정형이야.

| 코노
この
이 | 아니메와
アニメ は
애니메이션은 | 오모시로꾸 나이
おもしろく ない
재미있지 않다 |

다음 문장을 들으면서 그대로 따라해봐!

쿄-와   아츠꾸   나이
きょうは あつく   ない。
오늘은 덥지 않다.

텡끼가   요꾸   나이
てんきが よく   ない。

いい・よい(좋다)의 부정형은 よくない야.

날씨가 좋지 않다.

토께-가   아따라시꾸   나이
とけいが   あたらしく   ない。
시계가 새롭지 않다(새 것이 아니다).

쿄-(きょう) 오늘   아쯔이(あつい) 덥다   텡끼(てんき) 날씨   이-・요이(いい・よい) 좋다   토께-(とけい) 시계
아따라시-(あたらしい) 새롭다, 오래지 않다

~꾸나이(くない)를 빈칸에 넣어서 직접 문장을 완성해봐!

① 이제 젊지 않다.

모- 와카 **꾸 나이**

もう わか **く ない。**

もう わかく ない。

もう(모-) 이제, 이미
わかい(와까이) 젊다

② 테스트는 어렵지 않다.

테스토와 무즈까시

テストは むずかし

テスト(테스토) 테스트, 시험
むずかしい(무즈까시-) 어렵다

③ 이 파르페는 맛있지 않다.

코노 파훼와 오이시

この パフェは おいし

パフェ(파훼) 파르페
おいしい(오이시-) 맛있다

④ 이 돈가스는 부드럽지 않다.

코노 통카쯔와 야와라카

この とんかつは やわらか

とんかつ(통카쯔) 돈가스
やわらかい(야와라까이) 부드럽다

⑤ 오늘 밤은 시원하지 않다.

콩야와 스즈시

こんやは すずし

こんや(콩야) 오늘 밤
すずしい(스즈시-) 시원하다, 선선하다

3 이 형용사

패턴 022

코노 아니메와 오모시로꾸 나캇따

이 애니메이션은 재미있지 않았다

강의보기
음성듣기

「~꾸 나캇따(く なかった)」는 「~꾸 나이(く ない)」의 과거형이야. '~하지 않았다'라는 뜻인데, 이(い)형용사를 과거 부정할 때 쓰는 표현이지.

대표문장 01

코노	아니메와	오모시로꾸 나캇따
この	アニメは	おもしろく なかった
이	애니메이션은	재미있지 않았다

다음 문장을 들으면서 그대로 따라해봐!

02 센슈-와　아츠꾸　나캇따
　　せんしゅうは　あつく　なかった。
　　지난주는 덥지 않았다.

03 텡끼와　요꾸　나캇따
　　てんきは　よく　なかった。
　　　　よくない(좋지 않다)의 과거형은 よくなかった야.
　　날씨는 좋지 않았다.

04 오꺅상와　오-꾸　나캇따
　　おきゃくさんは　おおく　なかった。
　　손님은 많지 않았다.

05 WORD
센슈-(せんしゅう) 지난주　아쯔이(あつい) 덥다　텡끼(てんき) 날씨　요꾸 나이(よく ない) 좋지 않다
오꺅상(おきゃくさん) 손님　오-이(おおい) 많다

~꾸 나캇따(くなかった)를 빈칸에 넣어서 직접 문장을 완성해봐!

🎧11

🎧06 ❶ 테스트는 어렵지 않았다.

테스토와 무즈까시 　꾸 나캇따

テストは　むずかし　く　なかった。

テストは　むずかしく　なかった。

テスト(테스토) 테스트, 시험

むずかしい(무즈까시-) 어렵다

🎧07 ❷ 티켓은 싸지 않았다.

치켓토와 야스

チケットは　やす

チケット(치켓토) 티켓

やすい(야스이) 싸다

🎧08 ❸ 주사는 별로 아프지 않았다.

츄-샤와 아마리 이타

ちゅうしゃは　あまり　いた

ちゅうしゃ(츄-샤) 주사

あまり(아마리) 별로

いたい(이따이) 아프다

🎧09 ❹ 호텔 방은 넓지 않았다.

호테루노 헤야와 히로

ホテルの　へやは　ひろ

ホテル(호테루) 호텔

へや(헤야) 방

ひろい(히로이) 넓다

🎧10 ❺ 역부터 공항까지 멀지 않았다.

에키까라 쿠-꼬-마데 토-

えきから　くうこうまで　とお

えき(에끼) 역

くうこう(쿠-꼬-) 공항

～から(까라)～まで(마데)
　～부터 ～까지

とおい(토-이) 멀다

3 이 형용사 67

패턴 023

코노 아니메와 오모시로이데스

이 애니메이션은 재미있습니다

「~이(い)」 뒤에 「데스(です)」를 붙이면 '~합니다'라는 문장이 돼. 「~이(い)」의 정중한 표현이야.

대표 문장 01

| 코노
この
이 | 아니메와
アニメは
애니메이션은 | 오모시로이데스
おもしろいです
재미있습니다 |

다음 문장을 들으면서 그대로 따라해봐!

02 쿄-와   사무이데스
きょうは   さむいです。
오늘은 춥습니다.

03 텡끼가   이-데스
てんきが   いいです。
날씨가 좋습니다.

04 니홍고와   야사시-데스
にほんごは   やさしいです。
일본어는 쉽습니다.

05 WORD
쿄-(きょう) 오늘   사무이(さむい) 춥다   텡끼(てんき) 날씨   이-(いい) 좋다   니홍고(にほんご) 일본어
야사시-(やさしい) 쉽다

~데스(です)를 빈칸에 넣어서 직접 문장을 완성해봐!

06 ① 이 귤은 십니다.

코노 미깡와 슷빠이 [데스]

この みかんは すっぱい [です。]

この みかんは すっぱいです。

みかん(미깡) 귤
すっぱい(슷빠이) 시다

07 ② 이 아이패드는 새롭습니다(새 것입니다).

코노 아이팟도와 아따라시- [　]

この アイパッドは あたらしい [　]

[　]

アイパッド(아이팟도) 아이패드(iPad)
あたらしい(아따라시-) 새롭다, 오래지 않다

08 ③ 김 씨는 키가 큽니다.

키무상와 세가 타까이 [　]

キムさんは せが たかい [　]

[　]

～さん(상) ～씨
せが たかい(세가 타까이) 키가 크다

09 ④ 월급이 적습니다.

큐-료-가 스꾸나이 [　]

きゅうりょうが すくない [　]

[　]

きゅうりょう(큐-료-) 월급, 급여
すくない(스꾸나이) 적다

10 ⑤ 이 스토리는 너무 슬픕니다.

코노 스토-리-와 토떼모 카나시- [　]

この ストーリーは とても かなしい [　]

[　]

ストーリー(스토-리-) 스토리
とても(토떼모) 아주, 너무
かなしい(카나시-) 슬프다

3 이 형용사 69

패턴 024

코노 아니메와 오모시로캇따데스

이 애니메이션은 재미있었습니다

이(い)형용사의 어미 「이(い)」를 지우고 「~캇따데스(かったです)」를 붙이면 정중한 과거 표현이 돼. '~했습니다'라는 뜻이야.

대표 문장 🎧01

코노	아니메와	오모시로캇따데스
この	アニメは	おもしろかったです
이	애니메이션은	재미있었습니다

다음 문장을 들으면서 그대로 따라해봐!

🎧02 **센슈-와   사무캇따데스**
　　 せんしゅうは さむかったです。　　　　　지난주는 추웠습니다.

🎧03 **텡끼가   요캇따데스**
　　 てんきが　 よかったです。　　　　　　 날씨가 좋았습니다.

🎧04 **료꼬-와   타노시캇따데스**
　　 りょこうは　たのしかったです。　　　　　여행은 즐거웠습니다.

🎧05 **센슈-**(せんしゅう) 지난주　**사무이**(さむい) 춥다　**텡끼**(てんき) 날씨　**요캇따**(よかった) 좋았다
　　 료꼬-(りょこう) 여행　**타노시-**(たのしい) 즐겁다

~캇따데스(かったです)를 빈칸에 넣어서 직접 문장을 완성해봐!

① 영화는 재미있었습니다.
에-가와 오모시로 캇따데스
えいがは　おもしろ　かったです。
えいがは　おもしろかったです。

えいが(에-가) 영화
おもしろい(오모시로이) 재미있다

② 카레는 매웠습니다.
카레-와 카라
カレーは　から

カレー(카레-) 카레
からい(카라이) 맵다

③ 아이였을 때는 귀여웠습니다.
코도모노 코로와 카와이
こどもの　ころは　かわい

こども(코도모) 아이, 어린이
ころ(코로) 때, 무렵
かわいい(카와이-) 귀엽다

④ 어제는 바람이 강했습니다.
키노-와 카제가 츠요
きのうは　かぜが　つよ

きのう(키노-) 어제
かぜ(카제) 바람
つよい(츠요이) 강하다

⑤ 녹차는 뜨거웠습니다.
오쨔와 아츠
おちゃは　あつ

おちゃ(오쨔) 차, 녹차
あつい(아쯔이) 뜨겁다

패턴 025

코노 아니메와 오모시로꾸 나이데스

이 애니메이션은 재미있지 않습니다

강의보기
음성듣기

이(い)형용사의 어미 「이(い)」를 지우고 「~꾸 나이데스(く ないです)」를 붙이면 '~하지 않습니다'라는 정중한 부정형이 돼. 「~꾸 나이(く ない)」에 「데스(です)」를 붙인 거야.

대표 문장 01

코노	아니메와	오모시로꾸 나이데스
この	アニメは	おもしろく ないです
이	애니메이션은	재미있지 않습니다

다음 문장을 들으면서 그대로 따라해봐!

🎧02 **쿄-와   사무꾸   나이데스.**
　　 きょうは さむく   ないです。
　　　　　　　　　　　　　　　　　　　　오늘은 춥지 않습니다.

🎧03 **텡끼가   요꾸   나이데스.**
　　 てんきが よく   ないです。
　　　　　　　　　　　　　　　　　　　　날씨가 좋지 않습니다.

🎧04 **타부렛토와   오모꾸   나이데스.**
　　 タブレットは おもく   ないです。
　　　　　　　　　　　　　　　　　　　　태블릿은 무겁지 않습니다.

WORD

쿄-(きょう) 오늘　사무이(さむい) 춥다　텡끼(てんき) 날씨　요꾸 나이(よく ない) 좋지 않다
타부렛토(タブレット) 태블릿　오모이(おもい) 무겁다

~꾸 나이데스(く ないです)를 빈칸에 넣어서 직접 문장을 완성해봐!

1 케이크는 달지 않습니다.

　케-키와 아마 　꾸 나이데스

　ケーキは　あま　く　ないです。

　　ケーキは　あまく　ないです。

ケーキ(케-키) 케이크
あまい(아마이) 달다

2 귀신은 무섭지 않습니다.

　오바께와 코와

　おばけは　こわ

おばけ(오바께) 귀신, 도깨비
こわい(코와이) 무섭다

3 뷔페는 비싸지 않습니다.

　타베호-다이와 타카

　たべほうだいは　たか

たべほうだい(타베호-다이) 뷔페, 무한리필
たかい(타까이) 비싸다

4 콘서트 티켓은 싸지 않습니다.

　콘사-토노 치켓토와 야스

　コンサートの　チケットは　やす

コンサート(콘사-토) 콘서트
チケット(치켓토) 티켓
やすい(야스이) 싸다

5 그녀의 머리는 길지 않습니다.

　카노죠노 카미와 나가

　かのじょの　かみは　なが

かのじょ(카노죠) 그녀
かみ(카미) 머리(카락)
ながい(나가이) 길다

코노 아니메와 오모시로꾸 나캇따데스

패턴 026

이 애니메이션은 재미있지 않았습니다

「~꾸 나캇따데스(く なかったです)」는 「~꾸 나캇따(く なかった)」의 정중형으로 '~하지 않았습니다' 라는 뜻이야.

대표 문장 01

코노	아니메와	오모시로꾸 나캇따데스
この	アニメは	おもしろく なかったです
이	애니메이션은	재미있지 않았습니다

다음 문장을 들으면서 그대로 따라해봐!

02 쿄-와   사무꾸   나캇따데스.
きょうは さむく なかったです。
오늘은 춥지 않았습니다.

03 텡끼와   요꾸   나캇따데스.
てんきは よく なかったです。
날씨는 좋지 않았습니다.

04 데자잉와   카와이꾸   나캇따데스.
デザインは かわいく なかったです。
디자인은 예쁘지 않았습니다.

WORD
쿄-(きょう) 오늘   사무이(さむい) 춥다   텡끼(てんき) 날씨   요꾸 나캇따(よく なかった) 좋지 않았다
데자잉(デザイン) 디자인   카와이-(かわいい) 귀엽다, 예쁘다

~꾸 나캇따데스(く なかったです)를 빈칸에 넣어서 직접 문장을 완성해봐!

🎧11

🎧06 ❶ 소설은 짧지 않았습니다.　　　　　　　　　　　しょうせつ(쇼-세쯔) 소설

　　쇼-세쯔와 미지카 　꾸 나캇따데스　　　　みじかい(미지까이) 짧다

　　しょうせつは　みじか　く　なかったです。

　　しょうせつは　みじかく　なかったです。

🎧07 ❷ 은행은 멀지 않았습니다.　　　　　　　　　　　ぎんこう(깅꼬-) 은행

　　깅꼬-와 토-　　　　　　　　　　　　　とおい(토-이) 멀다

　　ぎんこうは　とお

🎧08 ❸ 회비는 비싸지 않았습니다.　　　　　　　　　　かいひ(카이히) 회비

　　카이히와 타카　　　　　　　　　　　　たかい(타까이) 비싸다

　　かいひは　たか

🎧09 ❹ 책은 두껍지 않았습니다.　　　　　　　　　　　ほん(홍) 책

　　홍와 아츠　　　　　　　　　　　　あつい(아쯔이) 두껍다

　　ほんは　あつ

🎧10 ❺ 연립주택은 넓지 않았습니다.　　　　　　　　　アパート(아파-토) 연립주택

　　아파-토와 히로　　　　　　　　　　　ひろい(히로이) 넓다

　　アパートは　ひろ

3 い형용사　75

패턴 027

오또가 오-키쿠떼 우루사이

소리가 커서 시끄럽다

강의보기
음성듣기

이(い)형용사의 어미 「이(い)」를 지우고 「쿠떼(くて)」를 붙이면 '~하고, ~해서'라는 표현이 돼. 두 문장을 이어줄 때 쓰는 표현이야.

대표 문장 01

| 오또가
おとが
소리가 | 오-키쿠떼
おおきくて
커서 | 우루사이
うるさい
시끄럽다 |

다음 문장을 들으면서 그대로 따라해봐!

02 **쇼꾸도-와** **야스쿠떼** **오이시캇따**   식당은 싸고 맛있었다.
   しょくどうは やすくて   おいしかった。

03 **카레와**   **야사시쿠떼** **스테끼다**   그는 상냥하고 멋지다.
   かれは   やさしくて   すてきだ。

04 **쿄-와**   **아타타카쿠떼** **키모찌 이-**   오늘은 따뜻해서 기분이 좋다.
   きょうは   あたたかくて   きもち いい。

05 오또(おと) 소리　오-끼-(おおきい) 크다　우루사이(うるさい) 시끄럽다　쇼꾸도-(しょくどう) 식당
야스이(やすい) 싸다　오이시-(おいしい) 맛있다　야사시-(やさしい) 상냥하다　스테끼다(すてきだ) 멋지다
쿄-(きょう) 오늘　아타타까이(あたたかい) 따뜻하다　키모찌 이-(きもち いい) 기분이 좋다

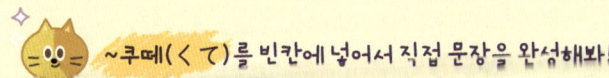
~쿠떼(くて)를 빈칸에 넣어서 직접 문장을 완성해봐!

06 ❶ 유미 씨는 머리가 좋고 귀엽다.

유미상와 아따마가 요 쿠떼 카와이-

ゆみさんは あたまが よ くて かわいい。

ゆみさんは あたまが よくて かわいい。

あたま(아따마) 머리
いい・よい(이-・요이) 좋다
かわいい(카와이-) 귀엽다

07 ❷ 키도 크고 멋져.

세모 타카　　　 캇꼬이-요

せも たか　　　 かっこいいよ。

せも たかい(세모 타까이)
키도 크다
かっこいい(캇꼬이-) 멋지다

08 ❸ 양이 적어서 실망했다.

료-가 스꾸나　　　 갓까리시따

りょうが すくな　　　 がっかりした。

りょう(료-) 양
すくない(스꾸나이) 적다
がっかりした(갓까리시따)
실망했다

09 ❹ 방이 좁아서 마음에 안 든다.

헤야가 세마　　　 키니 이라나이

へやが せま　　　 きに いらない。

へや(헤야) 방
せまい(세마이) 좁다
きに いらない(키니 이라나이)
마음에 안 들다

10 ❺ 교실은 밝고 넓었다.

쿄-시쯔와 아까루　　　 히로캇따

きょうしつは あかる　　　 ひろかった。

きょうしつ(쿄-시쯔) 교실
あかるい(아까루이) 밝다
ひろい(히로이) 넓다

패턴 028

오또오 오-키꾸 스루

소리를 크게 하다

이(い)형용사의 어미 「이(い)」를 지우고 「꾸 스루(く する)」를 붙이면 '~하게 하다'라는 문장이 돼. 사람의 의지로 어떤 일이나 상태, 성질을 바꾼다는 의미야.

대표 문장 01

오또오	오-키꾸	스루
おとを	おおきく	する
소리를	크게	하다

다음 문장을 들으면서 그대로 따라해봐!

02 헤야오 아타타카꾸 스루.
　　 へやを あたたかく する。　　　　방을 따뜻하게 하다.

03 카미오 미지카꾸 스루.
　　 かみを みじかく する。　　　　머리를 짧게 하다.

04 테레비노 오또오 치-사꾸 스루.
　　 テレビの おとを ちいさく する。　텔레비전의 소리를 작게 하다.

05 오또(おと) 소리　오-끼-(おおきい) 크다　헤야(へや) 방　아타타까이(あたたかい) 따뜻하다
카미(かみ) 머리(카락)　미지까이(みじかい) 짧다　테레비(テレビ) 텔레비전　치-사이(ちいさい) 작다

~꾸스루(くする)를 빈칸에 넣어서 직접 문장을 완성해봐!

❶ 가방을 가볍게 하다.

카방오 카루 꾸 스루

かばんを　かる　く　する。

かばんを　かるく　する。

かばん(카방) 가방
かるい(카루이) 가볍다

❷ 방을 밝게 하다.

헤야오 아까루

へやを　あかる

へや(헤야) 방
あかるい(아까루이) 밝다

❸ 라면을 맵게 하다.

라-멩오 카라

ラーメンを　から

ラーメン(라-멩) 라면
からい(카라이) 맵다

❹ 점심을 일찍 하다.

히루고항오 하야

ひるごはんを　はや

ひるごはん(히루고항) 점심(밥)
はやい(하야이) 이르다, 빠르다

❺ 고기를 부드럽게 하다.

니꾸오 야와라카

にくを　やわらか

にく(니꾸) 고기
やわらかい(야와라까이) 부드럽다

오또가 오-키꾸 나루

소리가 커지다

패턴 029

이(い)형용사의 어미 「이(い)」를 지우고 「꾸 나루(く なる)」를 붙이면 '~해지다'라는 변화를 나타내는 문장이 돼. 물건이나 상태, 성질이 자연적으로 변화한 것을 나타내지.

대표 문장 01

| 오또가
おとが
소리가 | 오-키꾸
おおきく
커 | 나루
なる
지다 |

다음 문장을 들으면서 그대로 따라해봐!

02 **헤야가　아타타카꾸　나루**　　　　방이 따뜻해지다.
　　へやが　あたたかく　なる。

03 **카미가　나가꾸　나루**　　　　머리가 길어지다.
　　かみが　ながく　なる。

04 **테레비노　오또가　치-사꾸 나루**　　텔레비전의 소리가 작아지다.
　　テレビの　おとが　ちいさく　なる。

05 **헤야**(へや) 방　**아타타까이**(あたたかい) 따뜻하다　**카미**(かみ) 머리(카락)　**나가이**(ながい) 길다
　테레비(テレビ) 텔레비전　**치-사이**(ちいさい) 작다

~꾸 나루(く なる)를 빈칸에 넣어서 직접 문장을 완성해봐!

🎧11

🎧06 ❶ 날씨가 나빠지다.　　　　　　　　　　てんき(텡끼) 날씨

　　　텡끼가 와루 [꾸 나루]　　　　　　　わるい(와루이) 나쁘다

　　　てんきが わる [く なる。]

　　　[てんきが わるく なる。]

🎧07 ❷ 바람이 강해지다.　　　　　　　　　　かぜ(카제) 바람

　　　카제가 츠요 [　　　　　]　　　　　つよい(츠요이) 강하다

　　　かぜが つよ [　　　　　]

　　　[　　　　　　　　　　]

🎧08 ❸ 게임이 즐거워지다.　　　　　　　　　ゲーム(게-무) 게임

　　　게-무가 타노시 [　　　　　]　　　たのしい(타노시-) 즐겁다

　　　ゲームが たのし [　　　　　]

　　　[　　　　　　　　　　]

🎧09 ❹ 일이 바빠지다.　　　　　　　　　　　しごと(시고또) 일, 업무

　　　시고또가 이소가시 [　　　　　]　　いそがしい(이소가시-) 바쁘다

　　　しごとが いそがし [　　　　　]

　　　[　　　　　　　　　　]

🎧10 ❺ 도로가 넓어지다.　　　　　　　　　　どうろ(도-로) 도로

　　　도-로가 히로 [　　　　　]　　　　ひろい(히로이) 넓다

　　　どうろが ひろ [　　　　　]

　　　[　　　　　　　　　　]

한자는 일본어의 힘이야. 읽으면서 따라 써봐!

漢字 (あか) [아까루이]	明るい		新しい (あたら) [아따라시-]	新しい
밝다			새롭다	
暑い (あつ) [아쯔이]	暑い		甘い (あま) [아마이]	甘い
덥다			달다	
忙しい (いそが) [이소가시-]	忙しい		美しい (うつく) [우츠꾸시-]	美しい
바쁘다			아름답다	
多い (おお) [오-이]	多い		音 (おと) [오또]	音
많다			소리	
重い (おも) [오모이]	重い		風 (かぜ) [카제]	風
무겁다			바람	
悲しい (かな) [카나시-]	悲しい		辛い (から) [카라이]	辛い
슬프다			맵다	
気持ち (き も) [키모찌]	気持ち		銀行 (ぎんこう) [깅꼬-]	銀行
기분			은행	
子ども (こ) [코도모]	子ども		今夜 (こんや) [콩야]	今夜
아이, 어린이			오늘 밤	

한자는 일본어의 힘이야. 읽으면서 따라 써봐!

한자	따라쓰기	한자	따라쓰기
_{さむ}寒い [사무이] 춥다	_{さむ}寒い	_{しょくどう}食堂 [쇼꾸도-] 식당	_{しょくどう}食堂
_{すく}少ない [스꾸나이] 적다	_{すく}少ない	_{たか}高い [타까이] 비싸다	_{たか}高い
_{たの}楽しい [타노시-] 즐겁다	_{たの}楽しい	_{ちい}小さい [치-사이] 작다	_{ちい}小さい
_{つよ}強い [츠요이] 강하다	_{つよ}強い	_{てんき}天気 [텡끼] 날씨	_{てんき}天気
_{どうろ}道路 [도-로] 도로	_{どうろ}道路	_{とお}遠い [토-이] 멀다	_{とお}遠い
_{とけい}時計 [토께-] 시계	_{とけい}時計	_{なが}長い [나가이] 길다	_{なが}長い
_{はや}早い [하야이] 이르다, 빠르다	_{はや}早い	_{みじか}短い [미지까이] 짧다	_{みじか}短い
_{ひろ}広い [히로이] 넓다	_{ひろ}広い	_{やす}安い [야스이] 싸다	_{やす}安い

4 동사의 기본형과 마스형
ます

030 동사 기본형
~하다

031 마스
ます
~합니다

동사 마스형+
ます

033 마셍
ません
~하지 않습니다

032 마시따
ました
~했습니다

 행과 단

일본어는 모음에 근거하여 가로 5글자씩, 자음에 근거하여 10글자씩 총 50개의 글자가 있어. 이것을 '오십음도'라고 하는데, 가로줄을 '행', 세로줄을 '단'이라고 불러. 즉 5개의 단과 10개의 행으로 이루어져 있지.

	あ단↓	い단↓	う단↓	え단↓	お단↓
あ행→	あ a	い i	う u	え e	お o
か행→	か ka	き ki	く ku	け ke	こ ko
さ행→	さ sa	し shi	す su	せ se	そ so
た행→	た ta	ち chi	つ tsu	て te	と to
な행→	な na	に ni	ぬ nu	ね ne	の no
は행→	は ha	ひ hi	ふ fu	へ he	ほ ho
ま행→	ま ma	み mi	む mu	め me	も mo
や행→	や ya		ゆ yu		よ yo
ら행→	ら ra	り ri	る ru	れ re	ろ ro
わ행→	わ wa				を o

ん n

や행의 い·え단, わ행의 い·う·え단은 발음이 같은 あ행의 い·う·え단으로 대체되어 실제 글자수는 46개야.
ん은 오십음도에 포함되지 않지만 통상적으로 ん을 넣어 47개 글자를 표기하는 경우가 많아.

동사의 종류

일본어 동사는 「う(u)단」으로 끝나고 다음과 같이 1~3그룹으로 나누어져. 제시된 동사를 '동사의 기본형'이라고 부르는데, 끝의 う(u)단을 어미, 그 앞을 어간이라고 해.

		동사의 기본형
1그룹 동사 1G	어미가 「루(る)」로 끝나지 않는 동사를 말해.	か**く**[ka**ku**] 쓰다 い**う**[i**u**] 말하다 ま**つ**[ma**tsu**] 기다리다 あそ**ぶ**[aso**bu**] 놀다
	어미가 「루(る)」로 끝나고 바로 앞이 「あ(a)단, う(u)단, お(o)단」인 동사야.	わか**る**[waka**ru**] 알다 つく**る**[tsuku**ru**] 만들다 の**る**[no**ru**] 타다
	예외 동사가 있어. 2그룹 동사처럼 생겼지만 1그룹 동사야. 그냥 외울 수밖에 없어.	はし**る**[hasi**ru**] 달리다 き**る**[ki**ru**] 자르다 し**る**[si**ru**] 알다 かえ**る**[kae**ru**] 돌아가다 しゃべ**る**[syabe**ru**] 떠들다
2그룹 동사 2G	어미가 「루(る)」로 끝나고 앞 글자가 「い[i]단」이나 「え[e]단」인 동사를 말해.	**み**る[**mi**ru] 보다 お**き**る[o**ki**ru] 일어나다 **ね**る[**ne**ru] 자다 た**べ**る[ta**be**ru] 먹다
3그룹 동사 3G	활용이 불규칙하지만 2개니까 그대로 외워둬~.	**く**る[**ku**ru] 오다 **す**る[**su**ru] 하다

 위 표를 참고해서 각 박스 안에 동사의 기본형을 넣어봐!

1그룹 동사 1G	**2그룹 동사** 2G	**3그룹 동사** 3G

패턴 030

나마에오 카꾸

이름을 쓰다

강의보기
음성듣기

동사의 기본형이야. 사전에 나와 있는 형태라서 사전형이라고도 해. 앞으로 1그룹 동사는 1G, 2그룹 동사는 2G, 3그룹 동사는 3G 로 표기할게.

대표문장 01

나마에오	카꾸
なまえを	かく
이름을	쓰다

다음 문장을 들으면서 그대로 따라해봐!

02 료-리오　츠꾸루
りょうりを　つくる。
요리를 만들다.

03 에-가오　미루
えいがを　みる。
영화를 보다.

04 아루바이토오　스루
アルバイトを　する。
아르바이트를 하다.

05 WORD

나마에(なまえ) 이름　카꾸(かく) 쓰다 1G　료-리(りょうり) 요리　츠꾸루(つくる) 만들다 1G
에-가(えいが) 영화　미루(みる) 보다 2G　아루바이토(アルバイト) 아르바이트　스루(する) 하다 3G

동사의 기본형을 빈칸에 넣어서 직접 문장을 완성해 봐!(단어의 동사 참고!)

🎧11

🎧06 ❶ 버스를 기다리다.

바스오 마쯔

バスを まつ。

　　　バスを　まつ。

バス(바스) 버스

まつ(마쯔) 기다리다 1G

🎧07 ❷ 비가 오다.

아메가

あめが

あめ(아메) 비

ふる(후루) (비가) 오다, 내리다 1G

🎧08 ❸ 점심을 먹다.

츄-쇼꾸오

ちゅうしょくを

ちゅうしょく(츄-쇼꾸) 중식, 점심

たべる(타베루) 먹다 2G

🎧09 ❹ 일찍 자다.

하야꾸

はやく

はやく(하야꾸) 일찍

ねる(네루) 자다 2G

🎧10 ❺ 친구가 오다.

토모다찌가

ともだちが

ともだち(토모다찌) 친구

くる(쿠루) 오다 3G

동사의 마스(ます)형

동사의 「~마스(ます)」는 '~합니다, ~해요'라는 뜻으로 정중함을 나타내는데, 각 그룹별 동사에 따라 그 형태가 달라져. 「~마스(ます)」의 앞부분을 '동사의 마스(ます)형'이라고 불러.

1그룹 동사 1G

끝의 「우(u)단」을 「이(i)단」으로 바꾸고 「마스(ます)」를 붙여.

우(u)단 ➡ 이(i)단+ます

카꾸 かく 쓰다	➡	카끼 かき	➡	카끼마스 かきます 씁니다
마쯔 まつ 기다리다	➡	마찌 まち	➡	마찌마스 まちます 기다립니다
노루 のる 타다	➡	노리 のり	➡	노리마스 のります 탑니다

2그룹 동사 2G

끝의 「루(る)」를 지우고 「마스(ます)」를 붙여.

る ➡ +ます

오끼루 おきる 일어나다	➡	오끼 おき~~る~~	➡	오끼마스 おきます 일어납니다
네루 ねる 자다	➡	네 ね~~る~~	➡	네마스 ねます 잡니다

3그룹 동사 3G

불규칙하게 변하지만 딱 2개야. 그대로 외우면 돼.

스루 する 하다	➡	시마스 します 합니다
쿠루 くる 오다	➡	키마스 きます 옵니다

파란박스 부분이 '동사의 마스(ます)형'이야!

보기 와 같이 동사를 「~마스(ます)」의 형태로 바꿔봐!

▶정답은 p. 280

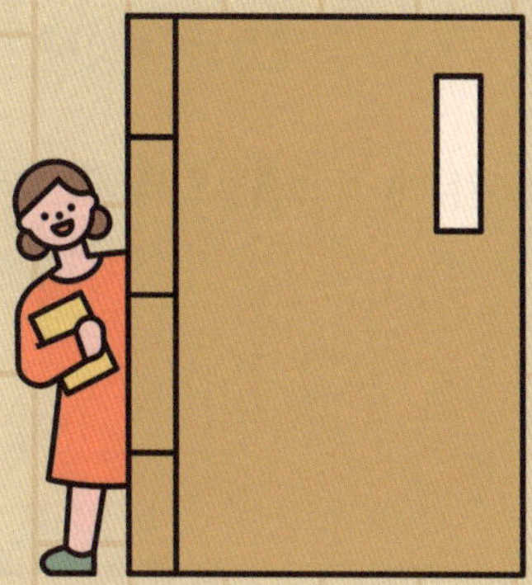

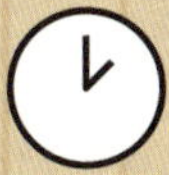

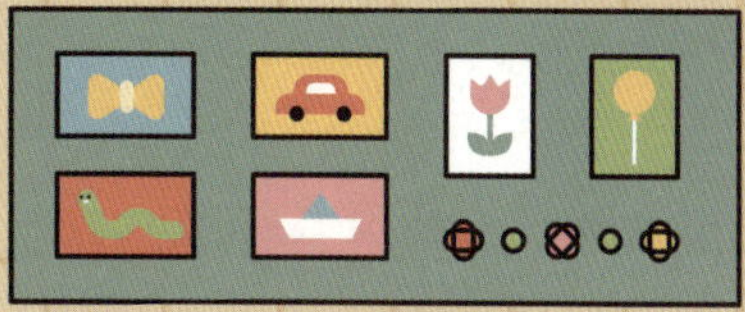

보기

네루
ねる 자다

➡ 네마스
ねます 잡니다

센 세 - 가 쿠루
せんせいが くる 선생님이 오다

➡ ( ) 옵니다

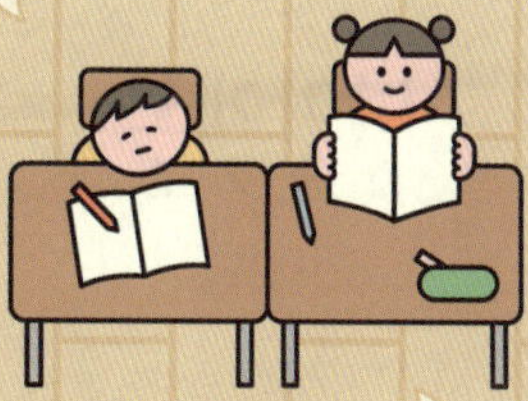

홍 오 요무
ほんを よむ 책을 읽다

➡ ( ) 읽습니다

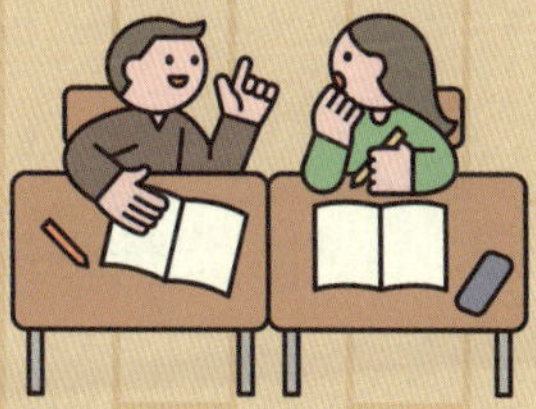

토모다치또 하나스
ともだちと はなす 친구와 이야기하다

➡ ( ) 이야기합니다

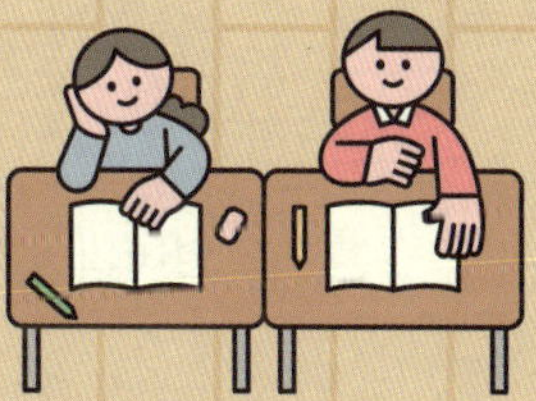

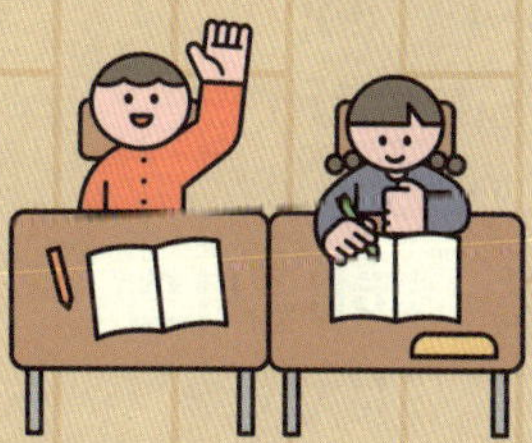

마에오 미루
まえを みる 앞을 보다

➡ ( ) 봅니다

지오 카꾸
じを かく 글씨를 쓰다

➡ ( ) 씁니다

패턴 031

나마에오 카끼마스

이름을 씁니다

▶ 강의보기
🎧 음성듣기

동사의 「~마스(ます)」는 '~합니다, ~해요'라는 뜻으로 정중함을 나타내. 각 그룹별로 형태가 달라지니까 잘 따져가면서 써야 돼.

대표 문장 01

| 나마에오
なまえを
이름을 | 카끼마스
かきます
씁니다 |

🎧 다음 문장을 들으면서 그대로 따라해봐!

02 **센세-오   마찌마스**
   せんせいを まちます。
   선생님을 기다립니다.

03 **쥬-지니   네마스**
   じゅうじに ねます。
   10시에 잡니다.

04 **하하또   하나시오   시마스**
   ははと   はなしを   します。
   엄마와 이야기를 합니다.

WORD
센세-(せんせい) 선생님   마쯔(まつ) 기다리다 `1G`   쥬-지(じゅうじ) 10시   네루(ねる) 자다 `2G`
하하(はは) 엄마, 어머니   하나시(はなし) 이야기   스루(する) 하다 `3G`

92

~마스(ます)를 빈칸에 넣어서 직접 문장을 완성해봐!

① 버스를 탑니다.

바스니 노리 마스

バスに のり ます。

バスに のります。

バス(바스) 버스
〜に のる(니 노루) 〜을 타다 **1G**
*조사 に에 주의!

② 신문을 읽습니다.

심붕오 요미

しんぶんを よみ

しんぶん(심붕) 신문
よむ(요무) 읽다 **1G**

③ 단어를 외웁니다.

탕고오 오보에

たんごを おぼえ

たんご(탕고) 단어
おぼえる(오보에루) 외우다, 기억하다 **2G**

④ 아침은(아침에는) 7시에 일어납니다.

아사와 시찌지니 오끼

あさは しちじに おき

あさ(아사) 아침
しちじ(시찌지) 7시
おきる(오끼루) 일어나다 **2G**

⑤ 이제 곧 택시가 옵니다.

모-스구 타쿠시-가 키

もうすぐ タクシーが き

もうすぐ(모-스구) 이제 곧, 잠시 후
タクシー(타쿠시-) 택시
くる(쿠루) 오다 **3G**

패턴 032

나마에오 카끼마시따

이름을 썼습니다

강의보기
음성듣기

「~마시따(ました)」는 '~했습니다, ~했어요'라는 뜻으로 동사의 과거를 나타내. 「마스(ます)」대신 「마시따(ました)」를 붙이면 돼.

대표 문장 01

나마에오	카끼마시따
なまえを	かきました
이름을	썼습니다

다음 문장을 들으면서 그대로 따라해봐!

02 **유끼가   후리마시따**
　　ゆきが　 ふりました。　　　　　　　　눈이 내렸습니다.

03 **킷떼오   아쯔메마시따**
　　きってを　あつめました。　　　　　　우표를 모았습니다.

04 **이누또   삼뽀오   시마시따**
　　いぬと　 さんぽを　しました。　　　　개와 산책을 했어요.

05　유끼(ゆき) 눈　후루(ふる) 오다, 내리다 `1G`　킷떼(きって) 우표　아쯔메루(あつめる) 모으다 `2G`
　　이누(いぬ) 개　삼뽀(さんぽ) 산책　스루(する) 하다 `3G`

~마시따(ました)를 빈칸에 넣어서 직접 문장을 완성해봐!

🎧06 ❶ 감기약을 먹었습니다.　　　　　　　🎧11　　かぜぐすり(카제구스리) 감기약

　카제구스리오 노미 [마시따]　　　　　のむ(노무) (약을) 먹다 1G

　かぜぐすりを　のみ [ました。]

　[かぜぐすりを　のみました。]

🎧07 ❷ 이를 닦았습니다.　　　　　　　　　は(하) 이, 치아

　하오 미가끼 [　　　　　　]　　　　　みがく(미가꾸) 닦다 1G

　はを　みがき [　　　　　　]

　[　　　　　　　　　　　　　]

🎧08 ❸ 담배를 끊었습니다.　　　　　　　　タバコ(타바코) 담배

　타바코오 야메 [　　　　　　]　　　　やめる(야메루) 끊다 2G

　タバコを　やめ [　　　　　　]

　[　　　　　　　　　　　　　]

🎧09 ❹ 스웨터를 입었습니다.　　　　　　　セーター(세-타-) 스웨터

　세-타-오 키 [　　　　　　]　　　　　きる(키루) 입다 2G

　セーターを　き [　　　　　　]

　[　　　　　　　　　　　　　]

🎧10 ❺ 택배가 왔습니다.　　　　　　　　　たくはい(타꾸하이) 택배

　타꾸하이가 키 [　　　　　　]　　　　くる(쿠루) 오다 3G

　たくはいが　き [　　　　　　]

　[　　　　　　　　　　　　　]

4 동사의 기본형과 마스형　95

패턴 033

나마에오 카끼마셍

이름을 쓰지 않습니다

강의보기
음성듣기

「~마셍(ません)」은 '~하지 않습니다, ~하지 않아요'라는 뜻으로 동사의 부정을 나타내. 「마스(ます)」 대신 「마셍(ません)」을 붙이면 돼.

대표 문장 01

나마에오	카끼마셍
なまえを	かきません
이름을	쓰지 않습니다

다음 문장을 들으면서 그대로 따라해봐!

02 옹가꾸오 키끼마셍.
おんがくを ききません。
음악을 듣지 않습니다.

03 고미오 스떼마셍.
ごみを すてません。
쓰레기를 버리지 않습니다.

04 토모다찌가 키마셍.
ともだちが きません。
친구가 오지 않아요.

05 옹가꾸(おんがく) 음악 키꾸(きく) 듣다 1G 고미(ごみ) 쓰레기 스떼루(すてる) 버리다 2G
토모다찌(ともだち) 친구 쿠루(くる) 오다 3G

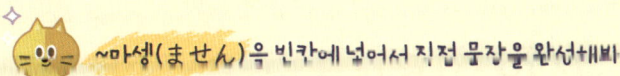

① 이 옷은 입지 않습니다.

코노 후꾸와 키 마셍

この ふくは き ません。

この ふくは きません。

ふく(후꾸) 옷
きる(키루) 입다 2G

② 오늘은 일하지 않습니다.

쿄-와 하따라끼

きょうは はたらき

きょう(쿄-) 오늘
はたらく(하따라꾸) 일하다 1G

③ 아이가 밥을 먹지 않아요.

코도모가 고항오 타베

こどもが ごはんを たべ

こども(코도모) 아이, 어린이
ごはん(고항) 밥
たべる(타베루) 먹다 2G

④ 앞이 보이지 않아요.

마에가 미에

まえが みえ

まえ(마에) 앞
みえる(미에루) 보이다 2G

⑤ 운동은 거의 안 해요.

운도-와 호똔도 시

うんどうは ほとんど し

うんどう(운도-) 운동
ほとんど(호똔도) 거의
する(스루) 하다 3G

나마에오 카끼마셍데시따

패턴 034

이름을 쓰지 않았습니다

▶ 강의보기
🔊 음성듣기

부정을 나타내는 「마셍(ません)」에 과거를 나타내는 「데시따(でした)」를 붙여 「~마셍데시따(ませんでした)」라고 하면 '~하지 않았습니다, ~하지 않았어요'라는 동사의 과거 부정형이 돼. 순서를 보면 「かく(쓰다) → かきます(씁니다) → かきません(쓰지 않습니다) → かきませんでした(쓰지 않았습니다)」가 되는 거지.

대표 문장 🔊01

나마에오	카끼**마셍데시따**
なまえを	か き**ませんでした**
이름을	쓰지 않았습니다

🔊02 **오후로니 하이리마셍데시따**
　　　おふろに　　はいりませんでした。
　　　목욕을 하지 않았습니다.

🔊03 **하야꾸   오끼마셍데시따**
　　　はやく　　おきませんでした。
　　　일찍 일어나지 않았습니다.

🔊04 **키노-와   삼뽀오   시마셍데시따**
　　　きのうは　さんぽを　しませんでした。
　　　어제는 산책을 하지 않았습니다.

🔊05 **WORD**

오후로니 하이루(おふろに はいる) 목욕하다 **1G**　　하야꾸(はやく) 빨리, 일찍　　오끼루(おきる) 일어나다 **2G**
키노-(きのう) 어제　　삼뽀(さんぽ) 산책　　스루(する) 하다 **3G**

98

~마셍데시따(ませんでした)를 빈칸에 넣어서 직접 문장을 완성해봐!

① 그는 약속을 지키지 않았습니다.

카레와 약소꾸오 마모리 마셍데시따

かれは　やくそくを　まもり ませんでした。

かれは　やくそくを　まもりませんでした。

やくそく(약소꾸) 약속
まもる(마모루) 지키다 1G

② 그 길은 지나가지 않았습니다.

소노 미찌와 토-리

その　みちは　とおり

みち(미찌) 길
とおる(토-루) 지나가다 1G

③ 오늘은 아침을 먹지 않았습니다.

쿄-와 아사고항오 타베

きょうは　あさごはんを　たべ

きょう(쿄-) 오늘
あさごはん(아사고항) 아침(밥)
たべる(타베루) 먹다 2G

④ 비로(비가 와서) 외출하지 않았어요.

아메데 데카께

あめで　でかけ

あめ(아메) 비
～で(데) ~으로〈이유〉
でかける(데카께루) 외출하다 2G

⑤ 아직 배달이 오지 않았어요.

마다 데마에가 키

まだ　でまえが　き

まだ(마다) 아직
でまえ(데마에) 배달
くる(쿠루) 오다 3G

패턴 035

나마에오 카끼마쇼-

이름을 씁시다

▶ 강의보기
🎧 음성듣기

「~마쇼-(ましょう)」는 '~합시다'라는 뜻으로 제안하거나 권유할 때 쓰는 표현이야. 「~마스(ます)」 대신 「~마쇼-(ましょう)」를 붙이면 돼.

나마에오	카끼마쇼-
なまえを	かき ましょう
이름을	씁시다

다음 문장을 들으면서 그대로 따라해봐!

02 잇쇼니 아소비마쇼- 　　　　　같이 놉시다.
　　 いっしょに あそびましょう。

03 고항오 타베마쇼- 　　　　　　　밥을 먹읍시다.
　　 ごはんを たべましょう。

04 니홍고노 벵꾜-오 시마쇼- 　　일본어 공부를 합시다.
　　 にほんごの べんきょうを しましょう。

WORD 잇쇼니(いっしょに) 같이, 함께　아소부(あそぶ) 놀다 `1G`　고항(ごはん) 밥　타베루(たべる) 먹다 `2G`
니홍고(にほんご) 일본어　벵꾜-(べんきょう) 공부　스루(する) 하다 `3G`

~마쇼-(ましょう)를 빈칸에 넣어서 직접 문장을 완성해봐!

❶ 차로 갑시다.

쿠루마데 이끼 [마쇼-]

くるまで いき [ましょう。]

くるまで いきましょう。

くるま(쿠루마) 자동차
～で(데) ～으로〈수단〉
いく(이꾸) 가다 1G

❷ 노래방에서 노래합시다.

카라오케데 우따이 [　　]

カラオケで うたい [　　]

[　　]

カラオケ(카라오케) 노래방
～で(데) ～에서〈장소〉
うたう(우따우) 노래하다 1G

❸ 이제 잡시다.

모- 네 [　　]

もう ね [　　]

[　　]

もう(모-) 이제, 곧
ねる(네루) 자다 2G

❹ 창문을 닫읍시다.

마도오 시메 [　　]

まどを しめ [　　]

[　　]

まど(마도) 창문
しめる(시메루) 닫다 2G

❺ 방 청소를 합시다.

헤야노 소-지오 시 [　　]

へやの そうじを し [　　]

[　　]

へや(헤야) 방
そうじ(소-지) 청소
する(스루) 하다 3G

나마에오 카끼마쇼-까

이름을 쓸까요?

▶ 강의보기
🎧 음성듣기

「~마쇼-까(ましょうか)」는 '~할까요?'라는 뜻으로 제안할 때 쓰는데, 같이 하기로 정하고 행동으로 옮길 때도 사용해. 「~마스(ます)」 대신 「~마쇼-까(ましょうか)」를 붙이면 돼.

대표 문장 01

나마에오	카끼마쇼-까
なまえを	かきましょうか
이름을	쓸까요?

다음 문장을 들으면서 그대로 따라해봐!

02 난지니　아이마쇼-까 　　　　　　　　　몇 시에 만날까요?
　　 なんじに　あいましょうか。

03 도아오　아께마쇼-까 　　　　　　　　　문을 열까요?
　　 ドアを　あけましょうか。

04 코-엥오　삼뽀시마쇼-까 　　　　　　　　공원을 산책할까요?
　　 こうえんを　さんぽしましょうか。

05 WORD
난지(なんじ) 몇 시　～니(に) ~에　아우(あう) 만나다 **1G**　도아(ドア) 문　아께루(あける) 열다 **2G**
코-엥(こうえん) 공원　삼뽀스루(さんぽする) 산책하다 **3G**

~마쇼-까(ましょうか)를 빈칸에 넣어서 직접 문장을 완성해봐!

🎧11

🎧06 **❶ 이사를 도와줄까요?**

힛꼬시오 테쯔다이 [마쇼-까]

ひっこしを　てつだい [ましょうか。]

[ひっこしを　てつだいましょうか。]

ひっこし(힛꼬시) 이사
てつだう(테쯔다우) 도와주다 `1G`

🎧07 **❷ 스타벅스에서 커피를 마실까요?**

스타바데 코-히-오 노미 [　　　]

スタバで　コーヒーを　のみ [　　　]

[　　　]

スタバ(스타바) 스타벅스
コーヒー(코-히-) 커피
のむ(노무) 마시다 `1G`

🎧08 **❸ 내일은 몇 시에 일어날까요?**

아시따와 난지니 오끼 [　　　]

あしたは　なんじに　おき [　　　]

[　　　]

あした(아시따) 내일
なんじ(난지) 몇 시
おきる(오끼루) 일어나다 `2G`

🎧09 **❹ 테이블 위를 정리할까요?**

테-부루노 우에오 카따즈께 [　　　]

テーブルの　うえを　かたづけ [　　　]

[　　　]

テーブル(테-부루) 테이블
うえ(우에) 위
かたづける(카따즈께루)
　　　　정리하다 `2G`

🎧10 **❺ 앞으로 어떻게 할까요?**

코레까라 도- 시 [　　　]

これから　どう　し [　　　]

[　　　]

これから(코레까라) 앞으로,
　　　　이제부터
どう(도-) 어떻게
する(스루) 하다 `3G`

패턴 037

나마에오 카끼마셍까

이름을 쓰지 않을래요?

▶ 강의보기
🎧 음성듣기

「~마셍(ません)」에 「까(か)」를 붙여 「~마셍까(ませんか)」가 되면 '~하지 않겠습니까?, ~하지 않을래요?' 라는 권유 표현이 돼. 문장 끝을 올려서 질문하는 형태로 사용해.

대표 문장 🎧01

나마에오	카끼마셍까
なまえを	かきませんか
이름을	쓰지 않을래요?

다음 문장을 들으면서 그대로 따라해봐!

🎧02 **춋또   야스미마셍까**
ちょっと   やすみませんか。
→ 잠깐 쉬지 않을래요?

🎧03 **카이기오   하지메마셍까**
かいぎを   はじめませんか。
→ 회의를 시작하지 않을래요?

🎧04 **샤싱오   쉐아시마셍까**
しゃしんを   シェアしませんか。
→ 사진을 공유하지 않을래요?

🎧05 **WORD**
춋또(ちょっと) 좀, 잠깐   야스무(やすむ) 쉬다 **1G**   카이기(かいぎ) 회의   하지메루(はじめる) 시작하다 **2G**
샤싱(しゃしん) 사진   쉐아스루(シェアする) 공유하다 **3G**

~마셍까(ませんか)를 빈칸에 넣어서 직접 문장을 완성해봐!

🎧11

🎧06 ❶ 도시락을 만들지 않을래요?

오벤또-오 츠꾸리 [마셍까]

おべんとうを　つくり [ませんか。]

おべんとうを　つくりませんか。

おべんとう(오벤또-) 도시락
つくる(츠꾸루) 만들다 1G

🎧07 ❷ 새로운 카페에 가지 않을래요?

아따라시- 카훼니 이끼 [　　　]

あたらしい　カフェに　いき [　　　]

[　　　]

あたらしい(아따라시-) 새롭다
カフェ(카훼) 카페
いく(이꾸) 가다 1G

🎧08 ❸ 앞접시를 바꾸지 않을래요?

토리자라오 카에 [　　　]

とりざらを　かえ [　　　]

[　　　]

とりざら(토리자라) 앞접시
かえる(카에루) 바꾸다 2G

🎧09 ❹ 유튜브를 보지 않을래요?

유-츄-부오 미 [　　　]

ユーチューブを　み [　　　]

[　　　]

ユーチューブ(유-츄-부) 유튜브
みる(미루) 보다 2G

🎧10 ❺ 사인회에 참석하지 않을래요?

사잉까이니 상까시 [　　　]

サインかいに　さんかし [　　　]

[　　　]

サインかい(사잉까이) 사인회
さんかする(상까스루) 참가하다, 참석하다 3G

한자는 일본어의 힘이야. 읽으면서 따라 써봐!

한자	따라쓰기	한자	따라쓰기
<ruby>会<rt>あ</rt></ruby>う [아우] 만나다	会う	<ruby>開<rt>あ</rt></ruby>ける [아께루] 열다	開ける
<ruby>朝<rt>あさ</rt></ruby> [아사] 아침	朝	<ruby>起<rt>お</rt></ruby>きる [오끼루] 일어나다	起きる
<ruby>覚<rt>おぼ</rt></ruby>える [오보에루] 외우다	覚える	<ruby>音楽<rt>おんがく</rt></ruby> [옹가꾸] 음악	音楽
<ruby>変<rt>か</rt></ruby>える [카에루] 바꾸다	変える	<ruby>書<rt>か</rt></ruby>く [카꾸] 쓰다	書く
<ruby>聞<rt>き</rt></ruby>く [키꾸] 듣다	聞く	<ruby>着<rt>き</rt></ruby>る [키루] 입다	着る
<ruby>来<rt>く</rt></ruby>る [쿠루] 오다	来る	<ruby>参加<rt>さんか</rt></ruby> [상까] 참가, 참석	参加
<ruby>散歩<rt>さんぽ</rt></ruby> [삼뽀] 산책	散歩	<ruby>閉<rt>し</rt></ruby>める [시메루] 닫다	閉める
<ruby>写真<rt>しゃしん</rt></ruby> [샤싱] 사진	写真	<ruby>新聞<rt>しんぶん</rt></ruby> [심붕] 신문	新聞

한자는 일본어의 힘이야. 읽으면서 따라 써봐!

食べる [たべる] [타베루] 먹다	食べる		作る [つく] [츠꾸루] 만들다	作る	
出かける [で] [데카께루] 외출하다	出かける		出前 [で まえ] [데마에] 배달	出前	
何時 [なん じ] [난지] 몇 시	何時		飲む [の] [노무] 마시다	飲む	
入る [はい] [하이루] 들어가다	入る		始める [はじ] [하지메루] 시작하다	始める	
降る [ふ] [후루] 내리다	降る		前 [まえ] [마에] 앞	前	
待つ [ま] [마쯔] 기다리다	待つ		守る [まも] [마모루] 지키다	守る	
見る [み] [미루] 보다	見る		約束 [やく そく] [약소꾸] 약속	約束	
休む [やす] [야스무] 쉬다	休む		読む [よ] [요무] 읽다	読む	

5 질문할 때 쓰는 말

038 이쿠쯔? いくつ 몇 개(야)?

039 이꾸라? いくら 얼마?

040 이쯔? いつ 언제?

045 도꼬데? どこで 어디에서?

046 도노구라이? どのぐらい 얼마나?

043 도-? どう 어때?

044 도-시떼? どうして 왜?

패턴 038

링고와 이쿠쯔?

사과는 몇 개(야)?

강의보기
음성듣기

「이쿠쯔(いくつ)」는 '몇, 몇 개, 몇 살'을 나타내는 말이야. 사물의 개수를 세거나 나이를 물어볼 때 써.

대표 문장 01

| 링고와
りんごは
사과는 | 이쿠쯔?
いくつ
몇 개(야)? |

다음 문장을 들으면서 그대로 따라해봐!

02 **이쿠쯔** 카이마스까　　　　　　　　　　몇 개 살래요?
　　いくつ　かいますか。

03 **이쿠쯔** 히쯔요-데스까　　　　　　　　　몇 개 필요해요?
　　いくつ　ひつようですか。

04 토시와 **이쿠쯔**?　　　　　　　　　　　나이는 몇 살(이야)?
　としは　いくつ?

05　링고(りんご) 사과　　카우(かう) 사다 1G　　히쯔요-다(ひつようだ) 필요하다　　토시(とし) 나이

110

이쿠쯔(いくつ)를 빈칸에 넣어서 직접 문장을 완성해봐!

🎧11

🎧06 ❶ 귤은 몇 개 있어?

미깡와 [이쿠쯔] **아루?**

みかんは いくつ ある？

みかんは　いくつ　ある？

みかん(미깡) 귤
ある(아루) 있다
〈사물·식물이 있을 때〉 1G

🎧07 ❷ 멜론빵은 몇 개 먹었어요?

메론팡와 [　　　] **타베마시타까**

メロンパンは [　　　] たべましたか。

メロンパン(메론팡) 멜론빵
たべる(타베루) 먹다 2G

🎧08 ❸ 케이크는 몇 개 만들었어요?

케-키와 [　　　] **츠꾸리마시타까**

ケーキは [　　　] つくりましたか。

ケーキ(케-키) 케이크
つくる(츠꾸루) 만들다 1G

🎧09 ❹ 단어는 몇 개 외웠어요?

탕고와 [　　　] **오보에마시타까**

たんごは [　　　] おぼえましたか。

たんご(탕고) 단어
おぼえる(오보에루) 외우다 2G

🎧10 ❺ 아기는 몇 살이야?

아카쨩와 [　　　　　　]?

あかちゃんは [　　　　　　]?

あかちゃん(아카쨩) 아기

링고와 이꾸라데스까

사과는 얼마입니까?

「이꾸라(いくら)」는 '얼마, 어느 정도'를 나타내는 말이야. 양이나 값을 물을 때 써. 「이꾸라(いくら)?」하고 끝을 올리면 '얼마야?'하는 질문이 돼.

대표 문장 01

링고와	이꾸라	데스까
りんごは	いくら	ですか
사과는	얼마	입니까?

다음 문장을 들으면서 그대로 따라해봐!

02 **젬부데   이꾸라데스까**　　　　　　　　전부 다 해서 얼마입니까?
　　ぜんぶで　いくらですか。

03 **료-낑와   이꾸라   카까리마스까**　　　요금은 얼마 듭니까?
　　りょうきんは いくら かかりますか。

04 **소노   카방와   이꾸라?**　　　　　　　그 가방은 얼마야?
　　その　かばんは　いくら？

젬부데(ぜんぶで) 전부 다 해서　**료-낑**(りょうきん) 요금　**카까루**(かかる) (시간·비용이) 들다 1G
카방(かばん) 가방

이꾸라(いくら)를 빈칸에 넣어서 직접 문장을 완성해봐!

① 카페라테는 얼마입니까?

카훼라테와 이꾸라 **데스까**

カフェラテは いくら ですか。

カフェラテは　いくらですか。

カフェラテ(카훼라테) 카페라떼

② 집세는 얼마입니까?

야찡와 　　　　 **데스까**

やちんは 　　　　 ですか。

やちん(야찡) 집세

③ 얼마 냈습니까?

　　　　 하라이마시타까

　　　　 はらいましたか。

はらう(하라우) 지불하다, 돈을 내다 1G

④ 타코야키는 얼마입니까?

타꼬야끼와 　　　　 **데스까**

たこやきは 　　　　 ですか。

たこやき(타꼬야끼) 타코야키

⑤ 택시비는 얼마였습니까?

타쿠시-다이와 　　　　 **데시타까**

タクシーだいは 　　　　 でしたか。

タクシーだい(타쿠시-다이) 택시비

패턴 040

탄죠-비와 이쯔?

생일은 언제(야)?

강의보기
음성듣기

「이쯔(いつ)」는 '언제, 어느 때'를 나타내는 말이야. 「이쯔(いつ)?」하고 끝을 올리면 '언제(야)?'하는 질문이 돼.

대표문장 01

탄죠-비와	이쯔?
たんじょうび は	いつ？
생일은	언제(야)?

다음 문장을 들으면서 그대로 따라해봐!

02 이쯔   하지마리마스까
　　 いつ　　はじまりますか。
언제 시작됩니까?

03 나쯔야스미와   이쯔데스까
　　 なつやすみは　　いつですか。
여름휴가는 언제예요?

04 온셍와   이쯔   이끼마쇼-까
　　 おんせんは　いつ　いきましょうか。
온천은 언제 갈까요?

05 WORD 탄죠-비(たんじょうび) 생일   하지마루(はじまる) 시작되다 **1G**   나쯔야스미(なつやすみ) 여름휴가, 여름방학
온셍(おんせん) 온천   이꾸(いく) 가다 **1G**   ~마쇼-까(ましょうか) ~할까요?

이쯔(いつ)를 빈칸에 넣어서 직접 문장을 완성해봐!

① 세일은 언제까지입니까?

세-루와 [이쯔] 마데데스까

セールは [いつ] までですか。

セールは　いつまでですか。

セール(세-루) 세일
~まで(마데) ~까지

② 선물은 언제 샀어요?

오미야게와 [　　] 카이마시타까

おみやげは [　　] かいましたか。

おみやげ(오미야게)
(외출·여행지에서 산) 선물
かう(카우) 사다 1G

③ 축하파티는 언제 합니까?

오이와이와 [　　] 시마스까

おいわいは [　　] しますか。

おいわい(오이와이) 축하파티
する(스루) 하다 3G

④ 예약은 언제부터입니까?

요야꾸와 [　　] 까라데스까

よやくは [　　] からですか。

よやく(요야꾸) 예약
~から(까라) ~부터

⑤ 그 가게에 언제 갈까요?

소노 오미세니 [　　] 이끼마쇼-까

その　おみせに [　　] いきましょうか。

おみせ(오미세) 가게
いく(이꾸) 가다 1G
~ましょうか(마쇼-까) ~할까요?

패턴 041

다레까 이마스까

누군가(누구~) 있어요?

「다레까(だれか)」는 '누군가'라는 뜻으로 확실하지는 않지만 사람이 있는지 어떤지 확인할 때 쓰는 말이야. 「다레(だれ) 누구」에 「까(か) ~인가」가 붙은 말인데, 질문할 때는 '누구~'로 해석하는 게 자연스러워.

대표 문장 01

다레까	이마스까
だれか	いますか
누군가(누구~)	있어요?

다음 문장을 들으면서 그대로 따라해봐!

02 다레까 이마셍까 누군가(누구~) 없어요?
   だれか いませんか。

03 코레와 다레까노 카사데스 이것은 누군가의 우산입니다.
   これは だれかの かさです。

04 다레까 도아오 놋쿠시마시따 누군가 문을 노크했습니다.
   だれか ドアを ノックしました。

05 이루(いる) 있다〈사람·동물이 있을 때〉 **2G**   카사(かさ) 우산   도아(ドア) 도어, 문   놋쿠(ノック) 노크 스루(する) 하다 **3G**

다레까(だれか)를 빈칸에 넣어서 직접 문장을 완성해봐!

🎧11

🎧06 ❶ 누군가가 콜라를 마셨습니다.

　　　[다레까] **가 코-라오 노미마시따**
　　　[だれか] **が　コーラを　のみました。**
　　　[だれかが　コーラを　のみました。]

コーラ(코-라) 콜라
のむ(노무) 마시다 1G

🎧07 ❷ 누군가와 같이 있어요.

　　　[　　　] **또 잇쇼니 이마스**
　　　[　　　] **と　いっしょに　います。**
　　　[　　　　　　　　　　　　　　]

～と(또) ~와/과
いっしょに(잇쇼니) 같이
いる(이루) 있다〈사람·동물〉 2G

🎧08 ❸ 누군가의 지갑이 있습니다.

　　　[　　　] **노 사이후가 아리마스**
　　　[　　　] **の　さいふが　あります。**
　　　[　　　　　　　　　　　　　　]

さいふ(사이후) 지갑
ある(아루) 있다〈사물·식물〉 1G

🎧09 ❹ 누군가의 목소리가 들립니다.

　　　[　　　] **노 코에가 키꼬에마스**
　　　[　　　] **の　こえが　きこえます。**
　　　[　　　　　　　　　　　　　　]

こえ(코에) 목소리
きこえる(키꼬에루) 들리다 2G

🎧10 ❺ 어제 누군가를 만났습니까?

　　　키노- [　　　] **니 아이마시타까**
　　　きのう [　　　] **に　あいましたか。**
　　　[　　　　　　　　　　　　　　]

きのう(키노-) 어제
～に あう(니 아우) ~를 만나다 1G
*조사 に에 주의!

5 질문할 때 쓰는 말

패턴 042

다레모 이마셍
아무도 없어요

강의보기
음성듣기

「다레모(だれも)」는 '아무도'란 뜻인데 뒤에 부정 표현이 와. 「다레(だれ) 누구」에 「~모(も) ~도」가 붙어서 '아무도'의 뜻이 되는 거야.

대표 문장 01

다레모	이마셍
だれも	いません
아무도	없어요

다음 문장을 들으면서 그대로 따라해봐!

02 다레모   키마셍   아무도 안 와요.
   だれも   きません。

03 소레와   다레모   시리마셍   그것은 아무도 모릅니다.
   それは   だれも   しりません。

04 다레모   카노죠가 이마셍   아무도 여자친구가 없어요.
   だれも   かのじょが いません。

05 이루(いる) 있다〈사람·동물〉 2G   쿠루(くる) 오다 3G   시루(しる) 알다 1G   카노죠(かのじょ) 그녀, 여자친구

패턴 043

코-히-와 도-?
커피는 어때?

강의보기
음성듣기

「도-(どう)」는 '어떻게'라는 뜻이야. 「코-히-와 도-?(コーヒーは どう?)」라고 하면 '커피는 어때?, 커피 마실래?'하고 상대방의 의향을 묻는 표현이 돼.

대표 문장

코-히-와	도-?
コーヒーは	どう?
커피는	어때?

다음 문장을 들으면서 그대로 따라해봐!

02 **코노 후꾸와 도-?**
この ふくは どう?
이 옷은 어때?

03 **코레까라 도- 시마스까**
これから どう しますか。
앞으로 어떻게 할래요?

04 **코노 오쨔와 도- 노미마스까**
この おちゃは どう のみますか。
이 차는 어떻게 마십니까?

05 **WORD**
코-히-(コーヒー) 커피   후꾸(ふく) 옷   코레까라(これから) 이제, 앞으로   스루(する) 하다 3G
오쨔(おちゃ) (녹)차   노무(のむ) 마시다 1G

도-(どう)를 빈칸에 넣어서 직접 문장을 완성해봐!

❶ 이런 헤어 스타일은 어때?

콘나 카미가따와 도-?

こんな　かみがたは　どう？

こんな　かみがたは　どう？

こんな(콘나) 이런
かみがた(카미가따) 헤어 스타일
(=헤아 스타이루
(ヘア スタイル))

❷ 역에는 어떻게 갑니까?

에끼니와 ____ **이끼마스까**

えきには ____ いきますか。

えき(에끼) 역
〜には(니와) 〜에는
いく(이꾸) 가다 1G

❸ 이 한자는 어떻게 읽어요?

코노 칸지와 ____ **요미마스까**

この　かんじは ____ よみますか。

かんじ(칸지) 한자
よむ(요무) 읽다 1G

❹ 이것은 어떻게 먹어요?

코레와 ____ **타베마스까**

これは ____ たべますか。

たべる(타베루) 먹다 2G

❺ 이 스키야키는 어떻게 만들었습니까?

코노 스끼야끼와 ____ **츠꾸리마시타까**

この　すきやきは ____ つくりましたか。

すきやき(스끼야끼) 스키야키
つくる(츠꾸루) 만들다 1G

패턴 044

도-시떼 타베마셍까

왜 안 먹어요?

「도-시떼(どうして)」는 '어째서, 왜'를 나타내는 말로 이유가 궁금할 때 써. 「나제(なぜ)」로 바꿔 쓸 수 있어.

대표 문장 01

| 도-시떼
どうして
왜 | 타베마셍까
たべませんか
안 먹어요? |

다음 문장을 들으면서 그대로 따라해봐!

02 도-시떼데스까   왜요?(왜 그렇죠?)
どうしてですか。

03 도-시떼   타나까상와   키마셍까   왜 다나카 씨는 오지 않습니까?
どうして   たなかさんは   きませんか。

04 도-시떼   아시따와   야스미데스까   왜 내일은 휴일입니까?
どうして   あしたは   やすみですか。

05 WORD   타베루(たべる) 먹다 **2G**   쿠루(くる) 오다 **3G**   아시따(あした) 내일   야스미(やすみ) 휴일, 쉼

도-시떼(どうして)를 빈칸에 넣어서 직접 문장을 완성해봐!

1 이 고기는 왜 쌉니까?

코노 니꾸와 도-시떼 야스이데스까

この　にくは　どうして　やすいですか。

この　にくは　どうして　やすいですか。

にく(니꾸) 고기
やすい(야스이) 싸다

2 왜 버스가 안 움직여요?

바스가 우고끼마셍까

バスが　うごきませんか。

バス(바스) 버스
うごく(우고꾸) 움직이다, 운행하다

3 왜 여기는 유명합니까?

코꼬와 유-메-데스까

ここは　ゆうめいですか。

ここ(코꼬) 여기
ゆうめいだ(유-메-다) 유명하다

4 이 게임은 왜 인기가 있습니까?

코노 게-무와　　　닝끼데스까

この　ゲームは　　　にんきですか。

ゲーム(게-무) 게임
にんきだ(닝끼다) 인기가 있다

5 왜 이렇게 사람이 많아요?

콘나니 히또가 오-이데스까

こんなに　ひとが　おおいですか。

こんなに(콘나니) 이렇게
ひと(히또) 사람
おおい(오-이) 많다

패턴 045

도꼬데 아이마쇼-까

어디에서 만날까요?

▶ 강의보기
🎧 음성듣기

「도꼬데(どこで)」는 '어디에서'라는 뜻으로 장소를 물을 때 쓰는 말이야. 「도꼬(どこ)」가 '어디', 「데(で)」가 '~에서'라는 뜻이지.

대표 문장 🎧01

| 도꼬데
どこで
어디에서 | 아이마쇼-까
あいましょうか
만날까요? |

🎧 다음 문장을 들으면서 그대로 따라해봐!

🎧02 **도꼬데** 시마스까 　　　　　　　　어디에서 합니까?
　　　どこで　します か。

🎧03 **도꼬데** 오히루오 타베루? 　　　어디에서 점심을 먹어?
　　　どこで　おひるを　たべる？

🎧04 치켓토와 **도꼬데** 카이마스까 　티켓은 어디에서 삽니까?
　　　チケットは　どこで　かいますか。

WORD 아우(あう) 만나다 `1G`　스루(する) 하다 `3G`　오히루(おひる) 점심(밥)　타베루(たべる) 먹다 `2G`
치켓토(チケット) 티켓　카우(かう) 사다 `1G`

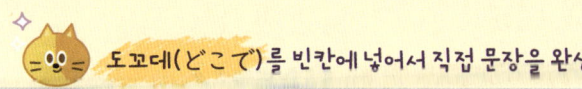

① 전철은 어디에서 탑니까?

덴샤와 도꼬데 노리마스까

でんしゃは どこで のりますか。

でんしゃは どこで のりますか。

でんしゃ(덴샤) 전철
のる(노루) 타다 1G

② 호텔은 어디에서 내립니까?

호테루와 　　　 오리마스까

ホテルは 　　　 おりますか。

ホテル(호테루) 호텔
おりる(오리루) 내리다 2G

③ 어디에서 사진을 찍습니까?

**　　　 샤싱오 토리마스까**

　　　 しゃしんを とりますか。

しゃしん(샤싱) 사진
とる(토루) 찍다 1G

④ 선물은 어디에서 삽니까?

오미야게와 　　　 카이마스까

おみやげは 　　　 かいますか。

おみやげ(오미야게)
(외출·여행지에서 산) 선물
かう(카우) 사다 1G

⑤ 아르바이트는 어디에서 해요?

아루바이토와 　　　 시마스까

アルバイトは 　　　 しますか。

アルバイト(아루바이토)
아르바이트
する(스루) 하다 3G

패턴 046

오까네와 도노구라이 아루?

돈은 얼마나 있어?

「도노구라이(どのぐらい)」는 '어느 정도, 얼마나'를 나타내는 말이야. 양, 거리, 범위 등 폭넓게 쓰여.

대표 문장 01

오까네와	도노구라이	아루?
おかねは	どのぐらい	ある？
돈은	얼마나	있어?

다음 문장을 들으면서 그대로 따라해봐!

02 요상와　도노구라이데스까
よさんは　どのぐらいですか。
예산은 어느 정도입니까?

03 도노구라이　노미마스까
どのぐらい　のみますか。
어느 정도 마십니까?

04 니혼니　도노구라이　이마시타까
にほんに　どのぐらい　いましたか。
일본에 얼마나 있었습니까?

WORD
오까네(おかね) 돈　아루(ある) 있다 〈사물·식물〉 1G　요상(よさん) 예산　노무(のむ) 마시다 1G
니홍(にほん) 일본　이루(いる) 있다 〈사람·동물〉 2G

도노구라이(どのぐらい)를 빈칸에 넣어서 직접 문장을 완성해봐!

🎧11

🎧06 **① 얼마나 매워요?**   からい(카라이) 맵다

　　　도노구라이　카라이데스까
　　　どのぐらい　からいですか。
　　　どのぐらい　からいですか。

🎧07 **② 어느 정도 운동합니까?**   うんどうする(운도-스루)

　　　　　　　운도-시마스까   운동하다 3G
　　　　　　　うんどうしますか。

🎧08 **③ 얼마나 멉니까?**   とおい(토-이) 멀다

　　　　　　　토-이데스까
　　　　　　　とおいですか。

🎧09 **④ 시간은 어느 정도 걸립니까?**   じかん(지깡) 시간

　　지깡와　　　　　카까리마스까   かかる(카까루)
　　じかんは　　　　かかりますか。   (시간 등이) 걸리다 1G

🎧10 **⑤ 집에서 역까지 어느 정도입니까?**   いえ(이에) 집

　　이에까라 에끼마데　　　데스까   えき(에끼) 역
　　いえから　えきまで　　　ですか。   ~から(까라) ~まで(마데)
　　　　　　　　　　　　　　 ~에서(부터) ~까지

5 질문할 때 쓰는 말　127

패턴 047

돈나 도라마가 스끼?

어떤 드라마를 좋아해?

▶ 강의보기
🎧 음성듣기

「돈나(どんな)」는 '어떠한, 어떤'이라는 뜻이야. 분명하지 않은 상태·성질·정도 등을 물어볼 때 써.

대표 문장 🎧01

| 돈나
どんな
어떤 | 도라마가
ドラマが
드라마를 | 스끼?
すき?
좋아해? |

🎬 다음 문장을 들으면서 그대로 따라해봐!

🎧02 **돈나** 시고또데스까　　　　　　　　　　　　　어떤 일입니까?
　　　どんな しごとですか。

🎧03 **돈나** 아소비데스까　　　　　　　　　　　　　어떤 놀이예요?
　　　どんな あそびですか。

🎧04 **돈나** 나이요-노　망가데스까　　　　　　　어떤 내용의 만화입니까?
　　　どんな ないようの まんがですか。

🎧05 **WORD**　도라마(ドラマ) 드라마　~가 스끼다(が すきだ) ~을 좋아하다　시고또(しごと) 일, 업무　아소비(あそび) 놀이
　　　나이요-(ないよう) 내용　망가(まんが) 만화

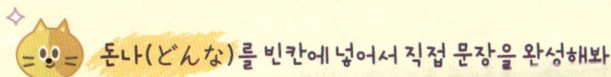 돈나(どんな)를 빈칸에 넣어서 직접 문장을 완성해봐!

🎧11

🎧06 **❶ 어떤 요리를 좋아합니까?**

돈나	**료-리가 스끼데스까**
どんな	りょうりが　すきですか。
	どんな　りょうりが　すきですか。

りょうり(료-리) 요리
〜が すきだ(가 스끼다)
　　　〜을 좋아하다
*조사 が에 주의!

🎧07 **❷ 어떤 영화를 볼래?**

	에-가오 미루?
	えいがを　みる？

えいが(에-가) 영화
みる(미루) 보다 2G

🎧08 **❸ 어떤 것이 인기가 있습니까?**

	모노가 닝끼데스까
	ものが　にんきですか。

もの(모노) 것
にんきだ(닝끼다) 인기가 있다

🎧09 **❹ 김 씨는 어떤 성격입니까?**

키무상와		**세-카꾸데스까**
キムさんは		せいかくですか。

せいかく(세-카꾸) 성격

🎧10 **❺ 고향은 어떤 곳입니까?**

후루사또와		**토꼬로데스까**
ふるさとは		ところですか。

ふるさと(후루사또) 고향
ところ(토꼬로) 곳, 장소

패턴 048

나니가 스끼데스카

무엇을 좋아해요?

「나니(なに)」는 한자로 何를 쓰는데 '무엇'이라는 뜻이야. 주로 「나니(なに)」로 발음되지만 뒤에 「데(で)」 또는 「토(と)」 「노(の)」가 오면 「난(なん)」으로 발음해. 「난데(なんで) 왜」 「난또(なんと) 뭐라고」 「난노(なんの) 무슨」으로 알아두면 헷갈리지 않을 거야.

대표 문장 01

나니가	스끼데스카
なにが	すきですか
무엇을	좋아해요?

02 나니가　이-데스까
なにが　いいですか。
무엇이 좋습니까?

03 노미모노와　나니니　시마스까
のみものは　なにに　しますか。
음료는 무엇으로 할래요?

04 코레와　난데스까
これは　なんですか。
이것은 무엇입니까?

WORD 이-(いい) 좋다　노미모노(のみもの) 음료　~니 스루(にする) ~으로 하다〈선택〉 3G

나니·난(なに·なん)을 빈칸에 넣어서 직접 문장을 완성해봐!

① 무엇이(뭐가) 있습니까?

　　나니　**가 아리마스까**
　　なに　が ありますか。
　　なにが ありますか。

ある(아루) 있다〈사물·식물〉 1G

② 무엇이(뭐가) 맛있어요?

　　　　가 오이시-데스까
　　　　が おいしいですか。

おいしい(오이시-) 맛있다

③ 무엇부터 이야기할까요?

　　　　까라 하나시마쇼-까
　　　　から はなしましょうか。

~から(까라) ~부터
はなす(하나스) 이야기하다 1G
~ましょうか(마쇼-까) ~할까요?

④ 오사카는 무엇이 유명해요?

　오-사까와　　　**가 유-메-데스까**
　おおさかは　　　が ゆうめいですか。

おおさか(오-사까) 오사카〈지명〉
ゆうめいだ(유-메-다) 유명하다

⑤ 이것은 일본어로 뭐라고 합니까?

　코레와 니홍고데　　**또 이-마스까**
　これは にほんごで　　と いいますか。

にほんご(니홍고) 일본어
~という(또 이우)
~라고 (말)하다 1G

패턴 049

난노 혼데스까?
무슨 책이에요?

「난노(なんの)」는 '무슨'이라는 뜻이야. 확실히 알 수 없는 일이나 정할 수 없는 내용을 물어볼 때 쓰는 말이지.

대표문장 01

| 난노
なんの
무슨 | 혼데스까
ほんですか
책이에요? |

다음 문장을 들으면서 그대로 따라해봐!

02 **난노** 방구미데스까　　　　　　　　　　**무슨** TV프로그램입니까?
　　なんの　ばんぐみですか。

03 **난노** 이벤토데스까　　　　　　　　　　**무슨** 이벤트입니까?
　　なんの　イベントですか。

04 코레와　**난노**　쿄꾸?　　　　　　　　　이건 **무슨** 곡이야?
　　これは　なんの　きょく？

05 홍(ほん) 책　　방구미(ばんぐみ) TV프로그램　　이벤토(イベント) 이벤트　　코레(これ) 이것　　쿄꾸(きょく) 곡

난노(なんの)를 빈칸에 넣어서 직접 문장을 완성해봐!

① 그 사람은 무슨 병입니까?

소노 히또와 　난노　 뵤-끼데스까

その　ひとは　なんの　びょうきですか。

その　ひとは　なんの　びょうきですか。

その ひと(소노 히또) 그 사람
びょうき(뵤-끼) 병

② 이것은 무슨 꽃이에요?

코레와 　　　　　 하나데스까

これは 　　　　　 はなですか。

はな(하나) 꽃

③ 오후는 무슨 수업입니까?

고고와 　　　　　 쥬교-데스까

ごごは 　　　　　 じゅぎょうですか。

ごご(고고) 오후
じゅぎょう(쥬교-) 수업

④ 오늘은 무슨 날입니까?

쿄-와 　　　　　 히데스까

きょうは 　　　　　 ひですか。

きょう(쿄-) 오늘
ひ(히) 날

⑤ 그것은 무슨 이야기예요?

소레와 　　　　　 하나시데스까

それは 　　　　　 はなしですか。

それ(소레) 그것
はなし(하나시) 이야기

패턴 050

나니까 노무 모노 아루?

뭔가 마실 거 있어?

강의보기
음성듣기

「나니까(なにか)」는 '뭔가'라는 뜻이야. 「나니(なに) 무엇」에 불확실함을 나타내는 「까(か) ~인가」가 붙은 말이지. '나니까 노무 모노 아루?'는 '뭔가 마실 거 있어? 뭐, 마실 거 있어?'하는 뉘앙스의 문장이야.

대표 문장 01

나니까	노무 모노	아루?
なにか	のむ もの	ある?
뭔가	마실 거	있어?

다음 문장을 들으면서 그대로 따라해봐!

02 **나니까** 카우? — 뭔가 살래?
なにか　かう？

03 **나니까** 타베마셍까 — 뭔가 먹지 않을래요?
なにか　たべませんか。

04 **나니까** 테쯔다이마쇼-까 — 뭔가 도와줄까요?
なにか　てつだいましょうか。

05 WORD

노무(のむ) 마시다 1G　모노(もの) 것　카우(かう) 사다 1G　타베루(たべる) 먹다 2G
테쯔다우(てつだう) 돕다 1G　~마쇼-까(ましょうか) ~할까요?

なにか(나니까)를 빈칸에 넣어서 직접 문장을 완성해봐!

1 가방 안에 뭐가 있습니까?

카반노 나까니 　나니까　 아리마스까

かばんの　なかに　なにか　ありますか。

かばんの　なかに　なにか　ありますか。

かばん(카방) 가방
なか(나까) 안, 속
ある(아루) 있다〈사물·식물〉 1G

2 뭐가 찾으십니까?

오사가시데스까

おさがしですか。

さがす(사가스) 찾다 1G
お〜です(오〜데스) 〜하시다〈경어〉
*〜에는 동사 ます형이 옴

3 뭐가 원하는 것은 있습니까?

호시- 모노와 아리마스까

ほしい　ものは　ありますか。

ほしい(호시-) 원하다, 갖고 싶다
もの(모노) 것

4 뭐가 이상한 소리가 들려요.

헨나 오또가 키꼬에마스

へんな　おとが　きこえます。

へんだ(헨다) 이상하다
おと(오또) 소리
きこえる(키꼬에루) 들리다 2G

5 뭐가 컴퓨터가 이상해.

파소콩가 오까시-요

パソコンが　おかしいよ。

パソコン(파소콩) PC, 컴퓨터
おかしい(오까시-) 이상하다

패턴 051

나니모 아리마셍

아무것도 없어요

강의보기
음성듣기

「나니모(なにも)」는 '아무것도'라는 뜻이야. 「나니(なに) 무엇」에 「모(も) ~도」가 붙은 말인데, 뒤에는 부정 표현이 와.

대표 문장 01

나니모	아리마셍
なにも	ありません
아무것도	없어요

다음 문장을 들으면서 그대로 따라해봐!

02 나니모 와까리마셍   아무것도 몰라요.
なにも わかりません。

03 나니모 하나시마셍   아무것도 말하지 않아요.
なにも はなしません。

04 쿄-와 나니모 시마셍   오늘은 아무 것도 안 해요.
きょうは なにも しません。

05 WORD

아루(ある) 있다〈사물·식물〉 `1G` 와까루(わかる) 알다, 이해하다 `1G` 하나스(はなす) 말하다 `1G`
쿄-(きょう) 오늘 스루(する) 하다 `3G`

나니모(なにも)를 빈칸에 넣어서 직접 문장을 완성해봐!

① 아무것도 없습니다만, 어서 드세요.

나니모　아리마셍가, 도-조
なにも　ありませんが、どうぞ。
なにも　ありませんが、どうぞ。

- ある(아루) 있다〈사물·식물〉
- ～が(가) ～지만
- どうぞ(도-조) 어서 (드세요)

② 어두워서 아무것도 보이지 않아요.

쿠라쿠떼　　　　미에마셍
くらくて　　　　みえません。

- くらい(쿠라이) 어둡다
- みえる(미에루) 보이다

③ 냉장고 안에 아무것도 없습니다.

레-조-꼬노 나까니　　　아리마셍
れいぞうこの　なかに　　　ありません。

- れいぞうこ(레-조-꼬) 냉장고
- なか(나까) 안, 속

④ 이곳은 아무것도 변하지 않았습니다.

코꼬와　　　　카와리마셍데시따
ここは　　　　かわりませんでした。

- ここ(코꼬) 여기, 이곳
- かわる(카와루) 변하다

⑤ 아무것도 갖고 싶지 않아.

　　　호시꾸 나이요
　　　ほしく　ないよ。

- ほしい(호시-) 원하다, 갖고 싶다

> 한자는 일본어의 힘이야. 읽으면서 따라 써봐!

明日 [아시따] 내일	明日		遊び [아소비] 놀이	遊び	
言う [이우] 말하다	言う		映画 [에-가] 영화	映画	
お土産 [오미야게] (외출·여행지에서 산) 선물	お土産		買う [카우] 사다	買う	
変わる [카와루] 변하다	変わる		聞こえる [키꼬에루] 들리다	聞こえる	
曲 [쿄꾸] 곡	曲		暗い [쿠라이] 어둡다	暗い	
声 [코에] 목소리	声		探す [사가스] 찾다	探す	
時間 [지깡] 시간	時間		知る [시루] 알다	知る	
性格 [세-카꾸] 성격	性格		全部で [젬부데] 전부 다 해서	全部で	

한자는 일본어의 힘이야. 읽으면서 따라 써봐!

한자	쓰기	한자	쓰기
てつだ 手伝う [테쯔다우] 돕다	てつだ 手伝う	でんしゃ 電車 [덴샤] 전철	でんしゃ 電車
ないよう 内容 [나이요-] 내용	ないよう 内容	なか 中 [나까] 안, 속	なか 中
なつやす 夏休み [나쯔야스미] 여름방학, 여름휴가	なつやす 夏休み	なに/なん 何 [나니/난] 무엇	なに/なん 何
にく 肉 [니꾸] 고기	にく 肉	の もの 飲み物 [노미모노] 음료	の もの 飲み物
はじ 始まる [하지마루] 시작되다	はじ 始まる	はな 話す [하나스] 이야기하다	はな 話す
はら 払う [하라우] 지불하다	はら 払う	ばんぐみ 番組 [방구미] TV프로그램	ばんぐみ 番組
びょうき 病気 [뵤-끼] 병	びょうき 病気	やま 山 [야마] 산	やま 山
よてい 予定 [요떼-] 예정, 일정	よてい 予定	わ 分かる [와까루] 알다, 이해하다	わ 分かる

6 명사에 붙는 표현

055
~데스까,
ですか
~데스까
ですか
~입니까? ~입니까?

063
~니와
には
~에는

056
~까라 ~마데
から　まで
~부터 ~까지

054
~가 호시-데스
が ほしいです
~을 갖고 싶습니다

053
~또
と
~와

062
~다께
だけ
~만, ~뿐

052
~가 아리마스 /이마스
が あります　います
~이 있습니다

링고가 아리마스/히또가 이마스

패턴 052

사과가 있어요 / 사람이 있어요

「~가 아리마스/이마스(が あります/います)」는 둘 다 '~이 있습니다(있어요)'라는 뜻이야. 하지만 사물이나 식물이 있다고 할 때는 「아리마스(あります)」를 쓰고, 사람이나 동물이 있다고 할 때는 「이마스(います)」를 써야 해. 우리말과 달리 일본어는 이렇게 구분해서 쓴다는 것! 꼭 기억해둬~.

대표 문장 01

링고 りんご 사과	가 が 이/가	아리마스 あります 있어요
히또 ひと 사람		이마스 います 있어요

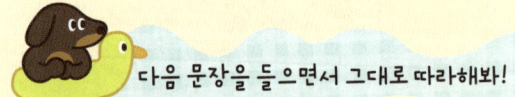

다음 문장을 들으면서 그대로 따라해봐!

02 **오벤또-가   아리마스**   도시락이 있습니다.
   おべんとうが あります。

03 **하나가   아리마스**   꽃이 있습니다.
   はなが   あります。

04 **네꼬가   이마스**   고양이가 있어요.
   ねこが   います。

05 링고(りんご) 사과   히또(ひと) 사람   오벤또-(おべんとう) 도시락   하나(はな) 꽃   네꼬(ねこ) 고양이

~가 아리마스/이마스(が あります/います)를 빈칸에 넣어서 직접 문장을 완성해봐!

① 학교에 벚꽃 나무가 있습니다.

갓꼬-니 사꾸라노 키 가 아리마스

がっこうに さくらの き が あります。

がっこうに さくらの きが あります。

がっこう(갓꼬-) 학교
さくら(사꾸라) 벚꽃
き(키) 나무

② 오후에 화상회의가 있습니다.

고고니 온라인 카이기

ごごに オンラインかいぎ

ごご(고고) 오후
オンラインかいぎ(온라인 카이기)
온라인 회의, 화상회의

③ 테이블 위에 스마트폰이 있습니다.

테-부루노 우에니 스마호

テーブルの うえに スマホ

テーブル(테-부루) 테이블
うえ(우에) 위
スマホ(스마호) 스마트폰

④ 공원에 아이가 있습니다.

코-엔니 코도모

こうえんに こども

こうえん(코-엥) 공원
こども(코도모) 아이, 어린이

⑤ 마당에 개가 있어요.

니와니 이누

にわに いぬ

にわ(니와) 마당
いぬ(이누) 개

이누또 삼뽀시마스

개와 산책합니다

「~또(と)」는 '~와/과'라는 뜻이야. 명사와 명사를 나열하거나 '~와 ~한다'라는 문장으로도 쓸 수 있어.

대표 문장 01

이누	또	삼뽀시마스
いぬ	と	さんぽします
개	와	산책합니다

다음 문장을 들으면서 그대로 따라해봐!

02 **최상또** **요시다상가** **이마스**
チェさんと よしださんが います。

최 씨와 요시다 씨가 있습니다.

03 **시오또** **코쇼-와** **아리마스까**
しおと こしょうは ありますか。

소금과 후추는 있습니까?

04 **링고또** **바나나가** **아리마스**
りんごと バナナが あります。

사과와 바나나가 있습니다.

05 이누(いぬ) 개　삼뽀스루(さんぽする) 산책하다 3G　시오(しお) 소금　코쇼-(こしょう) 후추
링고(りんご) 사과　바나나(バナナ) 바나나

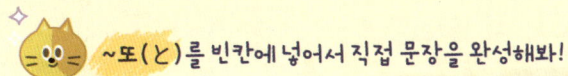
~또(と)를 빈칸에 넣어서 직접 문장을 완성해봐!

❶ 남동생과 같이 놉니다.
오또-토 **또** 잇쇼니 아소비마스
おとうと **と** いっしょに あそびます。
おとうとと いっしょに あそびます。

おとうと(오또-또) 남동생
いっしょに(잇쇼니) 같이
あそぶ(아소부) 놀다 **1G**

❷ 청소와 세탁을 합니다.
소-지　　　　센타꾸오 시마스
そうじ　　　　せんたくを します。

そうじ(소-지) 청소
せんたく(센타꾸) 세탁, 빨래
する(스루) 하다 **3G**

❸ ID와 패스워드는 압니까?
아이디　　　　파스와-도와 와까리마스까
ID　　　　パスワードは わかりますか。

パスワード(파스와-도) 패스워드
わかる(와까루) 알다 **1G**

❹ 친구와 노래방에 갑니다.
토모다치　　　　카라오케니 이끼마스
ともだち　　　　カラオケに いきます。

ともだち(토모다찌) 친구
カラオケ(카라오케) 노래방
いく(이꾸) 가다 **1G**

❺ 계란과 치즈를 삽니다.
타마고　　　　치-즈오 카이마스
たまご　　　　チーズを かいます。

たまご(타마고) 계란
チーズ(치-즈) 치즈
かう(카우) 사다 **1G**

패턴 054

오미즈가 호시-데스

물을 원해요

명사 뒤에 「~가 호시-데스(が ほしいです)」가 오면 '~을 원해요, 갖고 싶어요, 필요해요'라는 뜻이 돼. 「호시-데스(ほしいです)」 앞에는 조사 「오(を)」가 오지 않고 「가(が)」가 오니까 주의해야 해.

대표문장 01

오미즈	가	호시-데스
おみず	が	ほしいです
물	을	원해요

다음 문장을 들으면서 그대로 따라해봐!

02 **쇼-유가　호시-데스** 　　　　　　　　간장이 필요해요.
　　しょうゆが　ほしいです。

03 **오시보리가　호시-데스** 　　　　　　　물수건을 원해요.
　　おしぼりが　ほしいです。

04 **렌라꾸가　호시-데스** 　　　　　　　　연락을 원합니다.
　　れんらくが　ほしいです。

05　오미즈(おみず) 물　　쇼-유(しょうゆ) 간장　　오시보리(おしぼり) 물수건　　렌라꾸(れんらく) 연락

~가 호시-데스(がほしいです)를 빈칸에 넣어서 직접 문장을 완성해봐!

❶ 따뜻한 스웨터가 필요해요.

아타타까이 세-타- 가 호시-데스

あたたかい　セーター　が　ほしいです。

あたたかい　セーターが　ほしいです。

あたたかい(아타타까이) 따뜻하다, 따뜻한
セーター(세-타-) 스웨터

❷ 새 안경을 갖고 싶어요.

아따라시- 메가네

あたらしい　めがね

あたらしい(아따라시-) 새롭다, 새로운
めがね(메가네) 안경

❸ 아이돌의 사인이 갖고 싶어요.

아이도루노 사잉

アイドルの　サイン

アイドル(아이도루) 아이돌
サイン(사잉) 사인

❹ 귀여운 장갑을 갖고 싶어요.

카와이- 테부꾸로

かわいい　てぶくろ

かわいい(카와이-) 귀엽다, 귀여운
てぶくろ(테부꾸로) 장갑

❺ 긴 휴가를 원합니다.

나가이 야스미

ながい　やすみ

ながい(나가이) 길다, 긴
やすみ(야스미) 휴식, 휴가

오미즈데스까 오쨔데스까

물입니까? 녹차입니까?

패턴 055

「~데스까 ~데스까(~ですか ~ですか)」는 '~입니까 ~입니까'라는 뜻으로, 두 개 중 어느 것인지 선택하라고 할 때 쓰는 표현이야.

대표 문장 🎧01

오미즈데스까	오쨔데스까
おみずですか	おちゃですか
물입니까?	녹차입니까?

다음 문장을 들으면서 그대로 따라해봐!

🎧02 **코따에와   A데스까   B데스까**   답은 A입니까? B입니까?
こたえは   Aですか、 Bですか。

🎧03 **캄푸와   우미데스까   야마데스까**   캠프는 바다입니까? 산입니까?
キャンプは うみですか、 やまですか。

🎧04 **노미모노와   쥬-스데스까   코-히-데스까**   음료는 주스예요? 커피예요?
のみものは   ジュースですか、 コーヒーですか。

🎧05 오미즈(おみず) 물   오쨔(おちゃ) (녹)차   코따에(こたえ) 답   캄푸(キャンプ) 캠프   우미(うみ) 바다
야마(やま) 산   노미모노(のみもの) 음료   쥬-스(ジュース) 주스   코-히-(コーヒー) 커피

~데스까 ~데스까(~ですか ~ですか)를 빈칸에 넣어서 직접 문장을 완성해봐!

① 이것은 진짜예요? 거짓이에요?

코레와 혼또- 데스까 우소 데스까

これは　ほんとう ですか 、うそ ですか。

これは　ほんとうですか、うそですか。

ほんとう(혼또-) 정말, 진짜
うそ(우소) 거짓(말)

② 오늘 날씨는 맑음인가요? 비인가요? (맑은가요? 비가 오나요?)

쿄-노 텡끼와 하레　　　아메

きょうの　てんきは　はれ　　　あめ

きょう(쿄-) 오늘
てんき(텡끼) 날씨
はれ(하레) 맑음
あめ(아메) 비

③ 시험은 내일입니까? 모레입니까?

테스토와 아시따　　　아삿떼

テストは　あした　　　、あさって

テスト(테스토) 테스트, 시험
あした(아시따) 내일
あさって(아삿떼) 모레

④ 이 씨의 차는 이것입니까? 저것입니까?

이상노 쿠루마와 코레　　　아레

イさんの　くるまは　これ　　　、

あれ

くるま(쿠루마) 차, 자동차
これ(코레) 이것
あれ(아레) 저것

⑤ 살 것은 치마예요? 바지예요?

카우 모노와 스카-토　　　즈봉

かうものは　スカート　　　、ズボン

かう もの(카우 모노) 살 것
スカート(스카-토) 치마
ズボン(즈봉) 바지

패턴 056

콘사-토와 시찌지까라 쿠지마데?

콘서트는 7시부터 9시까지?

강의보기
음성듣기

「~까라(から)」는 '~부터'라는 뜻으로 시작을 나타내고, 「~마데(まで)」는 '~까지'라는 뜻으로 한계점을 나타내. 어떤 시간이나 범위를 말할 때 써.

대표문장 01

콘사-토와	시찌지까라	쿠지마데?
コンサートは	しちじから	くじまで?
콘서트는	7시부터	9시까지?

다음 문장을 들으면서 그대로 따라해봐!

02 코꼬까라   토쇼깡마데   여기서 도서관까지.
　　 ここから   としょかんまで。

03 코도모까라 오또나마데   아이부터 어른까지.
　　 こどもから おとなまで。

04 테스토와   아시타까라 게쯔마쯔마데   시험은 내일부터 월말까지.
　　 テストは   あしたから げつまつまで。

WORD

콘사-토(コンサート) 콘서트   코꼬(ここ) 여기, 이곳   토쇼깡(としょかん) 도서관   코도모(こども) 아이, 어린이
오또나(おとな) 어른   테스토(テスト) 테스트, 시험   아시따(あした) 내일   게쯔마쯔(げつまつ) 월말

사또-또 이-마스

사토라고 합니다

명사 뒤에 「～또 이-마스(と いいます)」가 오면 '～라고 합니다(해요)'라는 뜻이 돼. 자기소개를 하거나 남의 말을 전할 때 써.

대표 문장 01

사또-	또	이-마스
さとう	と	いいます
사토	라고	합니다

다음 문장을 들으면서 그대로 따라해봐!

02 코레와   난또   이-마스까   이것은 뭐라고 합니까?
    これは   なんと   いいますか。

03 코노   사까나와   '삼마'또   이-마스   이 생선은 '꽁치'라고 합니다.
    この   さかなは   「さんま」と いいます。

04 링고와   에-고데   앗푸루또   이-마스   사과는 영어로 애플이라고 해요.
    りんごは   えいごで   アップルと いいます。

05 WORD 이우(いう) 말하다 **1G** 난(なん) 무엇 사까나(さかな) 생선 삼마(さんま) 꽁치 링고(りんご) 사과
  에-고(えいご) 영어 앗푸루(アップル) 애플, 사과

~또 이-마스(と いいます)를 빈칸에 넣어서 직접 문장을 완성해봐!

🎧11

🎧06 ❶ 처음 뵙겠습니다. 기무라라고 합니다.

하지메마시떼. 키무라 또 이-마스

はじめまして。きむら と いいます。

はじめまして。きむらと いいます。

はじめまして(하지메마시떼)
처음 뵙겠습니다

🎧07 ❷ 이 개는 '포치'라고 합니다.

코노 이누와 「포치」

この いぬは 「ポチ」

いぬ(이누) 개

🎧08 ❸ '김'은 일본어로 '노리'라고 합니다.

'키무'와 니홍고데 '노리'

「キム」は にほんごで 「のり」

にほんご(니홍고) 일본어
のり(노리) 김

🎧09 ❹ '큐-리'는 한국어로 '오이'라고 합니다.

'큐-리'와 캉코꾸고데 '오이'

「きゅうり」は かんこくごで 「オイ」

きゅうり(큐-리) 오이
かんこくご(캉코꾸고) 한국어

🎧10 ❺ 이 게임은 '포켓몬'이라고 해요.

코노 게-무와 '포케몬'

この ゲームは 「ポケモン」

ゲーム(게-무) 게임
ポケモン(포케몽) 포켓몬
(게임의 하나)

6 명사에 붙는 표현 153

패턴 058

토모다찌니 아이마스

친구를 만나요

「아우(あう)」는 '만나다'란 뜻의 1그룹 동사인데, '~을 만납니다'라고 할 때는 「~니 아이마스(に あいます)」라고 해야 돼. '~을/를'이니까 조사 「오(を)」가 올 것 같지만 예외적으로 「니(に)」가 오니까 주의해~.

대표문장 01

토모다찌	니	아이마스
ともだち	に	あいます
친구	를	만나요

다음 문장을 들으면서 그대로 따라해봐!

02 **키무라상니 아이마스**
きむらさんに あいます。
기무라 씨를 만납니다.

03 **코이비또니 아이마스**
こいびとに あいます。
애인을 만납니다.

04 **마찌데 게-노-진니 아이마시따**
まちで げいのうじんに あいました。
거리에서 연예인을 만났어요.

05 **WORD**
토모다찌(ともだち) 친구   코이비또(こいびと) 애인   마찌(まち) 시내, 번화한 거리
게-노-징(げいのうじん) 연예인

~니 아이마스/아이마시따(に あいます/あいました)를 빈칸에 넣어서 직접 문장을 완성해봐!

🎧11

🎧06 ❶ 학교 선생님을 만납니다.

갓꼬-노 센세- [니 아이마스]

がっこうの せんせい [に あいます。]

がっこうの せんせいに あいます。

がっこう(갓꼬-) 학교
せんせい(센세-) 선생님

🎧07 ❷ 길에서 길고양이를 만났습니다.

미찌데 노라네꼬 [　　　　　]

みちで のらねこ [　　　　　]

[　　　　　　　　　　　]

みち(미찌) 길
のらねこ(노라네꼬) 길고양이

🎧08 ❸ 오랜만에 반 친구를 만납니다.

히사시부리니 쿠라스메-토 [　　　　]

ひさしぶりに クラスメイト [　　　]

[　　　　　　　　　　　]

ひさしぶりに(히사시부리니) 오랜만에
クラスメイト(쿠라스메-토) 클래스메이트, 반 친구

🎧09 ❹ 사인회에서 아이돌을 만났습니다.

사잉까이데 아이도루 [　　　　]

サインかいで アイドル [　　　]

[　　　　　　　　　　　]

サインかい(사잉까이) 사인회
アイドル(아이도루) 아이돌

🎧10 ❺ 어제 누군가를 만났습니까?

키노- 다레까 [　　　　　] 까

きのう だれか [　　　　　] か。

[　　　　　　　　　　　]

きのう(키노-) 어제
だれか(다레까) 누군가

6 명사에 붙는 표현 155

패턴 059

스시가 스끼데스/키라이데스

초밥을 좋아해요/싫어해요

▶ 강의보기
🔊 음성듣기

「~가 스끼데스/키라이데스(が すきです/きらいです)」는 '~을 좋아해요/싫어해요'라는 뜻이야. 「すきだ/きらいだ」 앞에는 조사 「오(を)」가 아니라 「가(が)」를 쓴다는 점에 주의해야 해.

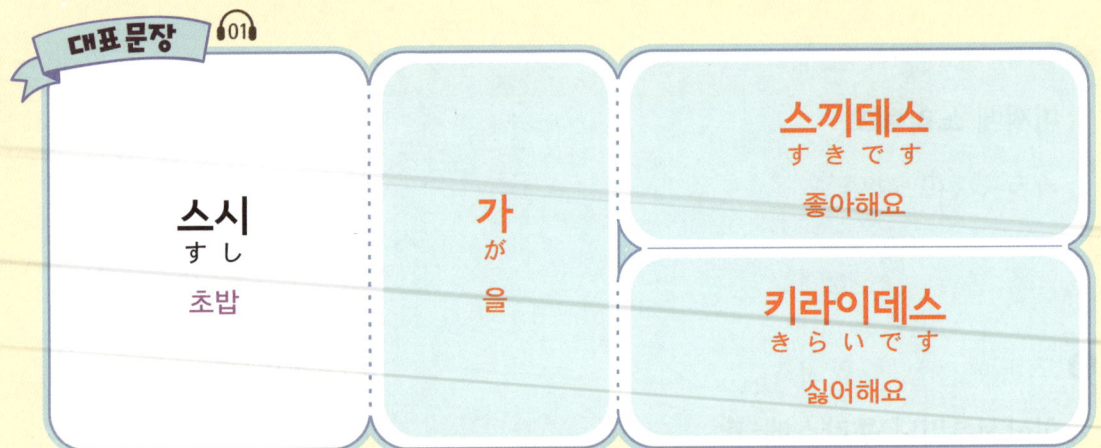

다음 문장을 들으면서 그대로 따라해봐!

🎧02 **통카쯔가　스끼데스**
　　 とんかつが　すきです。　　　　　　　　　　돈가스를 좋아해요.

🎧03 **키무라상가　스끼데스**
　　 きむらさんが　すきです。　　　　　　　　　기무라 씨를 좋아합니다.

🎧04 **닌징가　키라이데스**
　　 にんじんが　きらいです。　　　　　　　　　당근을 싫어해요.

스시(すし) 초밥　통카쯔(とんかつ) 돈가스　닌징(にんじん) 당근

~가 스끼데스/키라이데스(がすきです/きらいです)를 빈칸에 넣어서 직접 문장을 완성해봐!

🎧11

🎧06 ❶ 단 것을 좋아해요.

　　아마이 모노 　가 스끼데스　

　　あまい　もの　が　すきです。

　　あまい　ものが　すきです。

あまい(아마이) 달다, 단
もの(모노) 것

🎧07 ❷ 양파를 싫어합니다.

　　타마네기

　　たまねぎ

たまねぎ(타마네기) 양파

🎧08 ❸ 나는 생선을 좋아해요.

　　와따시와 사까나

　　わたしは　さかな

さかな(사까나) 생선, 물고기

🎧09 ❹ 일본 애니메이션에서 무엇을 좋아해요?

　　니혼노 아니메데 나니　　　　　까

　　にほんの　アニメで　なに　　　か。

にほん(니홍) 일본
アニメ(아니메) 애니메이션
なに(나니) 무엇

🎧10 ❺ 우리 집 아이는 채소를 싫어합니다.

　　우찌노 코와 야사이

　　うちの　こは　やさい

うち(우찌) 우리 집
こ(코) 아이, 자식
やさい(야사이) 채소

6 명사에 붙는 표현　157

코-히-니 시마스

커피로 할게요

강의보기
음성듣기

명사 다음에 「~니 시마스(に します)」가 오면 '~로 할게요'라는 뜻이 되는데, 선택이나 결정을 할 때 쓰는 표현이야.

대표문장 01

| 코-히-
コーヒー
커피 | 니
に
로 | 시마스
します
할게요 |

다음 문장을 들으면서 그대로 따라해봐!

02 **코노   유비와니   시마스**
    この ゆびわに   します。   이 반지로 할게요.

03 **와따시와 파스타니   시마스**
    わたしは パスタに   します。   저는 파스타로 하겠습니다.

04 **노미모노와 나니니   시마스까**
    のみものは なにに   しますか。   음료는 무엇으로 할래요?

WORD 코-히-(コーヒー) 커피   유비와(ゆびわ) 반지   파스타(パスタ) 파스타   노미모노(のみもの) 음료
나니・난(なに・なん) 무엇

~니 시마스(にします)를 빈칸에 넣어서 직접 문장을 완성해봐!

🎧11

🎧06 **①** 선물은 이것으로 하겠습니다.

プレゼント(프레젠토) 선물

프레젠토와 코레 [니 시마스]

これ(코레) 이것

プレゼントは　これ [に　します。]

プレゼントは　これに　します。

🎧07 **②** 사이드 메뉴는 샐러드로 할게요.

サイドメニュー(사이도메뉴-) 사이드 메뉴

사이도메뉴-와 사라다

サイドメニューは　サラダ

サラダ(사라다) 샐러드

🎧08 **③** 스마트폰 색은 검정으로 할게요.

スマホ(스마호) 스마트폰

스마호노 이로와 쿠로

いろ(이로) 색, 색깔

スマホの　いろは　くろ

くろ(쿠로) 검정(색)

🎧09 **④** 사이즈는 어느 것으로 할래요?

サイズ(사이즈) 사이즈

사이즈와 도레　　　　　　　**까**

どれ(도레) 어느 것

サイズは　どれ　　　　　　か。

🎧10 **⑤** 게임 상대는 누구로 할래요?

ゲーム(게-무) 게임

게-무노 아이떼와 다레　　　　**까**

あいて(아이떼) 상대(방)

ゲームの　あいては　だれ　　　　か。

だれ(다레) 누구

6 명사에 붙는 표현 159

이찌지니 나리마스
1시가 됩니다

강의보기
음성듣기

패턴 061

명사 뒤에 「~니 나리마스(に なります)」가 오면 '~이 됩니다/되겠습니다'라는 뜻이 되는데, 변화를 나타내기도 하고 의지를 나타내기도 해. 기본형은 「나루(なる)」, 과거형은 「나리마시따(なりました)」야.

대표 문장 01

이찌지	니	나리마스
いちじ	に	なります
1시	가	됩니다

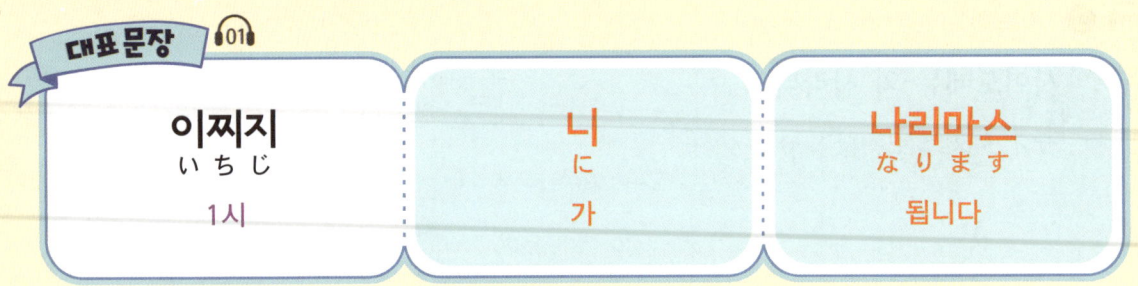

다음 문장을 들으면서 그대로 따라해봐!

02 이샤니　나루요.
　　 いしゃに　なるよ。
　　 의사가 될 거야.

03 라이넹　하타찌니　나리마스.
　　 らいねん　はたちに　なります。
　　 내년에 스무 살이 됩니다.

04 카레와　히-로-니　나리마시따.
　　 かれは　ヒーローに　なりました。
　　 그는 영웅이 되었습니다.

WORD
이찌지(いちじ) 1시　이샤(いしゃ) 의사　라이넹(らいねん) 내년　하타찌(はたち) 스무 살
카레(かれ) 그, 그 사람　히-로-(ヒーロー) 영웅

~니 나리마스/나리마시따(に なります/なりました)를 빈칸에 넣어서 직접 문장을 완성해봐!

🎧11

🎧06 ❶ 이제 곧 봄이 됩니다.

　　　모-스구 하루 니 나리마스

　　　もうすぐ　はる に　なります。

　　　　　　　もうすぐ　はるに　なります。

もうすぐ(모-스구) 이제 곧
はる(하루) 봄

🎧07 ❷ BTS의 팬이 되었습니다.

　　　비티에스노 환

　　　BTSの　ファン

ファン(환) 팬

🎧08 ❸ 과로로 병이 났습니다.

　　　카로-데 뵤-끼

　　　かろうで　びょうき

かろう(카로-) 과로
びょうきに なる(뵤-끼니 나루)
　　　　　　　　병이 나다

🎧09 ❹ 벌써 중학생이 되었습니다.

　　　모- 츄-각세-

　　　もう　ちゅうがくせい

もう(모-) 벌써, 이미
ちゅうがくせい(츄-각세-)
　　　　　　　중학생

🎧10 ❺ 올해 성인이 됩니다.

　　　코또시 세-징

　　　ことし　せいじん

ことし(코또시) 올해
せいじん(세-징) 성인

햐꾸엔다께 아리마스

100엔만 있습니다

패턴 062

명사 뒤에 「〜다께(だけ)」가 오면 '〜만, 〜뿐'이라는 뜻이 돼. 우리나라에서는 '〜밖에 없어'라는 말을 많이 쓰지만, 일본에서는 '〜만 있어(〜だけ ある)'라는 표현을 더 많이 쓴대.

대표 문장 01

햐꾸엔	다께	아리마스
ひゃくえん	だけ	あります
100엔	만	있습니다

다음 문장을 들으면서 그대로 따라해봐!

02 **후타쯔다께 카이마시따** 　　　　　2개만 샀습니다.
　　ふたつだけ　かいました。

03 **오까네와 코레다께데스** 　　　　　돈은 이것뿐입니다.
　　おかねは　これだけです。

04 **앙팡와 히토쯔다께데스까** 　　　　팥빵은 하나뿐이에요?
　　アンパンは　ひとつだけですか。

05 **햐꾸엔**(ひゃくえん) 100엔　**후타쯔**(ふたつ) 두 개　**카우**(かう) 사다 **1G**　**오까네**(おかね) 돈
　　앙팡(アンパン) 팥빵　**히토쯔**(ひとつ) 하나, 한 개

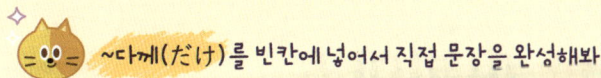

~다께(だけ)를 빈칸에 넣어서 직접 문장을 완성해봐!

06 ❶ 매일 두 페이지만 공부합니다.

마이니찌 니페-지 다께 벵꾜-시마스

まいにち　にページ　だけ　べんきょうします。

まいにち　にページだけ　べんきょうします。

まいにち(마이니찌) 매일
ページ(페-지) 페이지
べんきょうする(벵꾜-스루) 공부하다 3G

07 ❷ 오늘은 3시간만 일합니다.

쿄-와 산지깐 ___ 하따라끼마스

きょうは　さんじかん　___　はたらきます。

~じかん(지깡) ~시간
はたらく(하따라꾸) 일하다 1G

08 ❸ 술은 조금만 마셨습니다.

오사께와 스꼬시 ___ 노미마시따

おさけは　すこし　___　のみました。

おさけ(오사께) 술
すこし(스꼬시) 조금
のむ(노무) 마시다 1G

09 ❹ 찬스는 한 번뿐입니다.

챤스와 이찌도 ___ 데스

チャンスは　いちど　___　です。

チャンス(챤스) 찬스, 기회
いちど(이찌도) 한 번

10 ❺ 점심은 과일뿐이었습니다.

오히루와 쿠다모노 ___ 데시따

おひるは　くだもの　___　でした。

おひる(오히루) 점심(밥)
くだもの(쿠다모노) 과일

패턴 063

쿠지니와 이끼마스

9시에는 가겠습니다

「〜には(니와)」는 '〜에는, 〜에게는'이라는 뜻이야. 앞에 오는 명사에 따라 자연스럽게 해석하면 돼.

대표 문장 01

쿠지	니와	이끼마스
くじ	には	いきます
9시	에는	가겠습니다

다음 문장을 들으면서 그대로 따라해봐!

02 **이에니와** **우사기가** **이마스** 　　　집에는 토끼가 있습니다.
　　いえには　　うさぎが　　います。

03 **카와니와** **사까나가** **이마스** 　　　강에는 물고기가 있습니다.
　　かわには　　さかなが　　います。

04 **와따시니와** **무즈까시-데스** 　　　저에게는 어렵습니다.
　　わたしには　　むずかしいです。

 05

쿠지(くじ) 9시　**이꾸**(いく) 가다 **1G**　**이에**(いえ) 집　**우사기**(うさぎ) 토끼　**이루**(いる) 있다〈사람·동물〉 **2G**
카와(かわ) 하천, 강　**사까나**(さかな) 물고기, 생선　**무즈까시-**(むずかしい) 어렵다

~니와(には)를 빈칸에 넣어서 직접 문장을 완성해봐!

1 그에게는 여자친구가 있습니다.

카레 [니와] 카노죠가 이마스

かれ [には] かのじょが います。

かれには かのじょが います。

かれ(카레) 그, 남자친구
かのじょ(카노죠) 그녀, 여자친구
いる(이루) 있다〈사람・동물〉

2 쇼핑에는 돈이 필요합니다.

카이모노 [　　] 오까네가 히쯔요-데스

かいもの [　　] おかねが ひつようです。

かいもの(카이모노) 쇼핑, 장보기
おかね(오까네) 돈
ひつようだ(히쯔요-다) 필요하다

3 나에게는 꿈이 있습니다.

와따시 [　　] 유메가 아리마스

わたし [　　] ゆめが あります。

ゆめ(유메) 꿈
ある(아루) 있다〈사물・식물〉

4 그 의견에는 반대입니다.

소노 이껜 [　　] 한따이데스

その いけん [　　] はんたいです。

いけん(이껜) 의견
はんたい(한따이) 반대

5 학교에는 아무도 없습니다.

갓꼬- [　　] 다레모 이마셍

がっこう [　　] だれも いません。

がっこう(갓꼬-) 학교
だれも(다레모) 아무도

패턴 064

햐꾸엔시까 아리마셍

100엔밖에 없어요

강의보기
음성듣기

「~시까 아리마셍(しか ありません)」은 '~밖에 없어요'라는 뜻이야. 앞에 오는 명사가 사물이나 식물일 때는 「아리마셍(ありません)」, 사람이나 동물일 때는 「이마셍(いません)」을 쓰면 돼.

대표 문장 ▶01

햐꾸엔	시까	아리마셍
ひゃくえん	しか	ありません
100엔	밖에	없어요

다음 문장을 들으면서 그대로 따라해봐!

▶02 **죺뽕시까 아리마셍** 　　　　　　　　　　10분밖에 없어요.
　　　じゅっぷんしか　ありません。

▶03 **히또리시까 이마셍** 　　　　　　　　　　한 명밖에 없어요.
　　　ひとりしか　いません。

▶04 **헤야니 혼시까 아리마셍** 　　　　　　　방에 책밖에 없습니다.
　　　へやに　ほんしか　ありません。

▶05 죺뽕(じゅっぷん) 10분　히또리(ひとり) 한 명　헤야(へや) 방　홍(ほん) 책

~시까 아리마셍/이마셍(しか ありません/いません)을 빈칸에 넣어서 직접 문장을 완성해봐!

🎧11

🎧06 ❶ 배터리가 조금밖에 없습니다.

バッテリー(밧테리-) 배터리

밧테리-가 스꼬시 [시까 아리마셍]

すこし(스꼬시) 조금

バッテリーが すこし [しか ありません。]

[バッテリーが すこししか ありません。]

🎧07 ❷ 지갑에 영수증밖에 없습니다.

さいふ(사이후) 지갑

사이후니 레시-토 [　　　]

レシート(레시-토) 영수증

さいふに レシート [　　　]

[　　　]

🎧08 ❸ 고양이 카페에는 검은 고양이밖에 없습니다.

ねこカフェ(네꼬카훼) 고양이 카페

네꼬카훼니와 쿠로네꼬 [　　　]

くろねこ(쿠로네꼬) 검은 고양이

ねこカフェには くろねこ [　　　]

[　　　]

🎧09 ❹ 매장에는 여성밖에 없습니다.

うりば(우리바) 매장

우리바니와 죠세- [　　　]

じょせい(죠세-) 여성

うりばには じょせい [　　　]

[　　　]

🎧10 ❺ 옷장에는 낡은 옷밖에 없습니다.

たんす(탄스) 옷장

탄스니와 후루이 후꾸 [　　　]

ふるい(후루이) 오래되다, 낡다

たんすには ふるい ふく [　　　]

ふく(후꾸) 옷

[　　　]

패턴 065

오미즈오 쿠다사이

물을 주세요

강의보기
음성듣기

「〜오 쿠다사이(を ください)」는 '〜을 주세요'라는 뜻이야. 상대방에게 무언가를 요구할 때 쓰는 표현이지.

대표 문장 01

오미즈	오	쿠다사이
おみず	を	ください
물	을	주세요

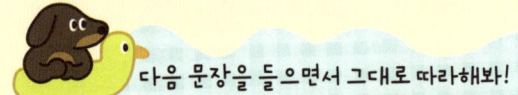
다음 문장을 들으면서 그대로 따라해봐!

02 **후꾸로오 쿠다사이** 　　　　　봉투를 주세요.
　　ふくろを　　ください。

03 **코꼬니 사잉오 쿠다사이** 　　여기에 사인을 주세요(사인해 주세요).
　　ここに　　サインを　ください。

04 **링고오 밋쯔 쿠다사이** 　　　사과를 3개 주세요.
　　りんごを　みっつ　ください。

05

오미즈(おみず) 물　후꾸로(ふくろ) 봉투　코꼬(ここ) 여기　사잉(サイン) 사인　링고(りんご) 사과
밋쯔(みっつ) 3개

~오 쿠다사이(を ください)를 빈칸에 넣어서 직접 문장을 완성해봐!

🎧11

🎧06 **1** 햄버거와 콜라를 주세요.

　　함바-가-또 코-라 [오 쿠다사이]

　　ハンバーガーと　コーラ [を　ください。]

　　[ハンバーガーと　コーラを　ください。]

ハンバーガー(함바-가-) 햄버거
コーラ(코-라) 콜라

🎧07 **2** 여기요, 메뉴판을 주세요.

　　스미마셍, 메뉴- [　　　　]

　　すみません、メニュー [　　　　]

　　[　　　　　　　　　　　　　　]

すみません(스미마셍) 여기요〈가게에서 점원을 부를 때〉
メニュー(메뉴-) 메뉴(판)

🎧08 **3** 하나(한 장)씩 앞접시를 주세요.

　　이찌마이즈쯔 토리자라 [　　　　]

　　いちまいずつ　とりざら [　　　　]

　　[　　　　　　　　　　　　　　]

いちまい(이찌마이) 한 장
〈얇은 것을 셀 때〉
～ずつ(즈쯔) ～씩
とりざら(토리자라) 앞접시

🎧09 **4** 빨리 연락을 주세요(연락해 주세요).

　　하야꾸 렌라꾸 [　　　　]

　　はやく　れんらく [　　　　]

　　[　　　　　　　　　　　　　　]

はやく(하야꾸) 빨리
れんらく(렌라꾸) 연락

🎧10 **5** 조금 더 시간을 주세요.

　　모-스꼬시 지깡 [　　　　]

　　もうすこし　じかん [　　　　]

　　[　　　　　　　　　　　　　　]

もう すこし(모-스꼬시) 조금 더
じかん(지깡) 시간

한자는 일본어의 힘이야. 읽으면서 따라 써봐!

あいて 相手 [아이떼] 상대(방)	相手		いけん 意見 [이껭] 의견	意見
いしゃ 医者 [이샤] 의사	医者		いちど 一度 [이찌도] 한 번	一度
いちまい 一枚 [이찌마이] 한 장	一枚		いろ 色 [이로] 색, 색깔	色
うば 売り場 [우리바] 매장	売り場		ちゃ お茶 [오쨔] (녹)차	お茶
おとな 大人 [오또나] 어른	大人		みず お水 [오미즈] 물	お水
か もの 買い物 [카이모노] 쇼핑, 장 보기	買い物		がっこう 学校 [갓꼬-] 학교	学校
かわ 川 [카와] 강, 하천	川		き 木 [키] 나무	木
げつまつ 月末 [게쯔마쯔] 월말	月末		ご ご 午後 [고고] 오후	午後

한자는 일본어의 힘이야. 읽으면서 따라 써 봐!

じょせい 女性 [죠세-] 여성	じょせい 女性	すこ 少し [스꼬시] 조금, 약간	すこ 少し
せいじん 成人 [세-징] 성인	せいじん 成人	たま 玉ねぎ [타마네기] 양파	たま 玉ねぎ
ちゅうがくせい 中学生 [츄-각세-] 중학생	ちゅうがくせい 中学生	とも 友だち [토모다찌] 친구	とも 友だち
なのか 七日 [나노까] 7일	なのか 七日	はな 花 [하나] 꽃	はな 花
はる 春 [하루] 봄	はる 春	ひと 一つ [히토쯔] 하나, 한 개	ひと 一つ
ふた 二つ [후타쯔] 둘, 두 개	ふた 二つ	ふる 古い [후루이] 오래되다, 낡다	ふる 古い
まいにち 毎日 [마이니찌] 매일	まいにち 毎日	みっか 三日 [밋까] 3일	みっか 三日
みっ 三つ [밋쯔] 셋, 세 개	みっ 三つ	よる 夜 [요루] 밤	よる 夜

7 동사 기본형에 붙는 표현

066
코또가 데끼마스
ことが できます
~할 수 있습니다

068
코또니 시마스
ことに します
~하기로 합니다

동사 기본형+

069
마에니
まえに
~하기 전에

패턴 066

니홍고오 하나스 코또가 데끼마스

일본어를 말할 수 있습니다

동사의 기본형에 「~코또가 데끼마스(ことが できます)」를 붙이면 '~할 수 있습니다'라는 가능을 나타내는 표현이 돼. 또 「~코또가 데끼마셍(ことが できません)」과 같이 부정형이 오면 '~할 수 없습니다'라는 불가능의 표현이 되지.

대표 문장 01

니홍고오	하나스	코또가 데끼마스
にほんごを	はなす	ことが できます
일본어를	말할	수 있습니다

다음 문장을 들으면서 그대로 따라해봐!

02 **지쇼오 츠까우 코또가 데끼마스**
じしょを つかう ことが できます。
사전을 사용할 수 있습니다.

03 **호테루니 토마루 코또가 데끼마스**
ホテルに とまる ことが できます。
호텔에 숙박할 수 있습니다.

04 **칸지오 요무 코또가 데끼마셍**
かんじを よむ ことが できません。
한자를 읽을 수 없습니다.

05 니홍고(にほんご) 일본어   하나스(はなす) 말하다 1G   지쇼(じしょ) 사전   츠까우(つかう) 사용하다 1G
호테루(ホテル) 호텔   토마루(とまる) 머물다, 숙박하다 1G   칸지(かんじ) 한자   요무(よむ) 읽다 1G

~코또가 데끼마스/데끼마셍(ことができます/できません)을 빈칸에 넣어서 직접 문장을 완성해봐!

🎧11

🎧06 ❶ 피아노를 칠 수 있습니다.　　　　　　　　　　　　　ピアノ(피아노) 피아노

　　　피아노오 히꾸 　코또가 데끼마스　　　　　　　ひく(히꾸) 치다 **1G**

　　　ピアノを　ひく　ことが　できます。

　　　　　　　ピアノを　ひく　ことが　できます。

🎧07 ❷ 영어를 말할 수 있습니다.　　　　　　　　　　　　　えいご(에-고) 영어

　　　에-고오 하나스 　　　　　　　　　　　　　　　はなす(하나스) 말하다 **1G**

　　　えいごを　はなす

🎧08 ❸ 자전거를 탈 수 있습니다.　　　　　　　　　　　　じてんしゃ(지뗀샤) 자전거

　　　지뗀샤니 노루　　　　　　　　　　　　　　　　～に のる(니 노루) ~을 타다 **1G**

　　　じてんしゃに　のる

🎧09 ❹ 온도를 낮출 수 없습니다.　　　　　　　　　　　　おんど(온도) 온도

　　　온도오 사게루　　　　　　　　　　　　　　　　さげる(사게루) 줄이다, 낮추다 **2G**

　　　おんどを　さげる

🎧10 ❺ 약속을 취소할 수 없습니다.　　　　　　　　　　　やくそく(약소꾸) 약속

　　　약소꾸오 캰세루스루　　　　　　　　　　　　　キャンセルする(캰세루스루)

　　　やくそくを　キャンセルする　　　　　　　　　　　　　　　　　취소하다 **3G**

패턴 067

아시따와 야스무 츠모리데스

내일은 쉴 생각입니다

동사의 기본형에 「~츠모리데스(つもりです)」가 오면 '~할 예정(생각)입니다'라는 뜻이 돼. 구체적인 계획이나 장래에 대한 생각을 말할 때 사용하면 돼.

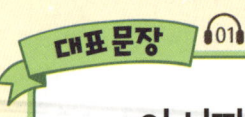

01

아시따와	야스무	츠모리데스
あしたは	やすむ	つもりです
내일은	쉴	생각입니다

02 힛꼬스　　츠모리데스　　　　　　이사할 예정입니다.
　　ひっこす　　つもりです。

03 다이엣토오　아끼라메루　츠모리데스　다이어트를 포기할 생각입니다.
　　ダイエットを　あきらめる　つもりです。

04 라이게츠까라　쵸낀스루　츠모리데스　다음 달부터 저금할 생각입니다.
　　らいげつから　ちょきんする　つもりです。

05 아시따(あした) 내일　야스무(やすむ) 쉬다 **1G**　힛꼬스(ひっこす) 이사하다 **1G**　다이엣토(ダイエット) 다이어트
　　아끼라메루(あきらめる) 포기하다 **2G**　라이게쯔(らいげつ) 다음 달　~까라(から) ~부터
　　쵸낀스루(ちょきんする) 저금하다 **3G**

~츠모리데스(つもりです)를 빈칸에 넣어서 직접 문장을 완성해봐!

① 면허를 딸 생각입니다.
멘꾜오 토루 츠모리데스
めんきょを とる つもりです。
めんきょを とる つもりです。

めんきょ(멘꾜) 면허
とる(토루) 따다, 취득하다 1G

② 프로포즈를 거절할 생각입니다.
프로포-즈오 코또와루
プロポーズを ことわる

プロポーズ(프로포-즈) 프로포즈
ことわる(코또와루) 거절하다 1G

③ 마당에 장미를 심을 예정입니다.
니와니 바라오 우에루
にわに ばらを うえる

にわ(니와) 마당
ばら(바라) 장미
うえる(우에루) 심다 2G

④ 좀 더 생각할 예정입니다(생각해 보겠습니다).
모-스꼬시 캉가에루
もうすこし かんがえる

もうすこし(모-스꼬시) 좀 더
かんがえる(캉가에루) 생각하다 2G

⑤ 앞으로는 채소를 먹을 생각입니다.
코레까라와 야사이오 타베루
これからは やさいを たべる

これから(코레까라) 앞으로
やさい(야사이) 채소
たべる(타베루) 먹다 2G

하야꾸 네루 코또니 시마스

패턴 068

일찍 자기로 합니다

동사의 기본형에 「~코또니 시마스(ことに します)」가 오면 '~하기로 합니다'라는 뜻이 돼. 자신의 의지로 결정할 때 쓰는 표현인데, 결심을 할 때는 「~코또니 시마스(ことに します)」를 쓰고, 결정된 후에는 「~코또니 시마시따(ことに しました) ~하기로 했습니다」를 써.

대표 문장 01

하야꾸	네루	코또니 시마스
はやく	ねる	ことに します
일찍	자	기로 합니다

🎧02
이누오 카우 코또니 시마스
いぬを かう ことに します。
개를 키우**기로 합니다**.

🎧03
민나데 아쯔마루 코또니 시마스
みんなで あつまる ことに します。
다 함께 모이**기로 합니다**.

🎧04
텐쇼꾸스루 코또니 시마시따
てんしょくする ことに しました。
이직하**기로 했습니다**.

WORD
하야꾸(はやく) 일찍   네루(ねる) 자다 **2G**   이누(いぬ) 개   카우(かう) 기르다, 사육하다 **1G**
민나데(みんなで) 모두, 다 함께   아쯔마루(あつまる) 모이다 **1G**   텐쇼꾸스루(てんしょくする) 이직하다 **3G**

~코또니 시마스/시마시따(ことにします/しました)를 빈칸에 넣어서 직접 문장을 완성해봐!

🎧11

🎧06 **① 돈을 빌리기로 합니다.**

오까네오 카리루 코또니 시마스

おかねを　かりる　ことに　します。

　　　　　おかねを　かりる　ことに　します。

おかね(오까네) 돈

かりる(카리루) 빌리다 **2G**

🎧07 **② 낚시를 하기로 했습니다.**

사까나쯔리오 스루

さかなつりを　する

さかなつり(사까나쯔리) 낚시

する(스루) 하다 **3G**

🎧08 **③ 헬스장에 다니기로 합니다.**

지무니 카요우

ジムに　かよう

ジム(지무) 헬스장(gym)

かよう(카요우) 다니다 **1G**

🎧09 **④ 담배를 끊기로 했습니다.**

타바코오 야메루

タバコを　やめる

タバコ(타바코) 담배

やめる(야메루) 끊다 **2G**

🎧10 **⑤ 공유기를 설치하기로 했습니다.**

루-타-오 셋찌스루

ルーターを　せっちする

ルーター(루-타-) 라우터, 공유기

せっちする(셋찌스루) 설치하다 **3G**

네루 마에니 하오 미가끼마스

자기 전에 이를 닦습니다

강의보기
음성듣기

동사의 기본형 뒤에 「마에니(まえに)」가 오면 '~하기 전에'라는 뜻이 돼. 앞의 동작이 이루어지기 전에 뒤의 동작이 먼저 일어난다는 것을 나타내지.

대표 문장 01

| 네루
ねる
자기 | 마에니
まえに
전에 | 하오 미가끼마스
はをみがきます
이를 닦습니다 |

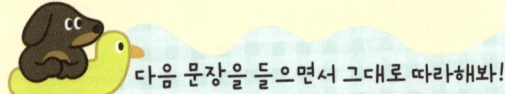
다음 문장을 들으면서 그대로 따라해봐!

02 **료꼬-니   이꾸   마에니   비자오   토루**
りょこうに いく まえに ビザを とる。
여행 가기 전에 비자를 취득하다.

03 **오요구   마에니   스토렛치오   시마스**
およぐ まえに ストレッチを します。
수영하기 전에 스트레칭을 합니다.

04 **사메루   마에니   타베떼   쿠다사이**
さめる まえに たべて ください。
식기 전에 드세요.

05 WORD

네루(ねる) 자다 2G   하(は) 이, 치아   미가꾸(みがく) 닦다 1G   료꼬-(りょこう) 여행   이꾸(いく) 가다 1G
비자(ビザ) 비자, 사증   토루(とる) 취득하다, 따다 1G   오요구(およぐ) 헤엄치다, 수영하다 1G
스토렛치(ストレッチ) 스트레칭   사메루(さめる) 식다 2G   타베루(たべる) 먹다 2G
~떼 쿠다사이(て ください) ~해 주세요

~마에니(まえに)를 빈칸에 넣어서 직접 문장을 완성해봐!

① 사기 전에 잘 생각합니다.

　　카우　마에니　요꾸 캉가에마스
　　かう　まえに　よく かんがえます。
　　かう　まえに　よく かんがえます。

かう(카우) 사다 **1G**
よく(요꾸) 잘
かんがえる(캉가에루) 생각하다 **2G**

② 청소하기 전에 창문을 엽니다.

　　소-지스루　　　마도오 아께마스
　　そうじする　　　まどを あけます。

そうじする(소-지스루) 청소하다 **3G**
まど(마도) 창문
あける(아께루) 열다 **2G**

③ 이용하기 전에 신청해 주세요.

　　츠까우　　　신세-시떼 쿠다사이
　　つかう　　　しんせいして ください。

つかう(츠까우) 쓰다, 이용하다 **1G**
しんせいする(신세-스루) 신청하다 **3G**

④ 밥을 먹기 전에 손을 씻습니다.

　　고항오 타베루　　　테오 아라이마스
　　ごはんを たべる　　　てを あらいます。

ごはん(고항) 밥
たべる(타베루) 먹다 **2G**
て(테) 손
あらう(아라우) 씻다 **1G**

⑤ 태풍이 오기 전에 피난해 주세요.

　　타이후-가 쿠루　　　히난시떼 쿠다사이
　　たいふうが くる　　　ひなんして
　　ください。

たいふう(타이후-) 태풍
くる(쿠루) 오다 **3G**
ひなんする(히난스루) 피난하다 **3G**

카제모 후꾸시 아메모 후루

패턴 070

바람도 불고 비도 온다

강의보기
음성듣기

두 가지 이상의 내용을 말할 때 「~시(し)」를 붙이는데, '~하고'라는 뜻이야. 동사에는 기본형 뒤에 붙고, い형용사는 기본형(~い), な형용사는 ~다(だ) 뒤에 붙어.

대표 문장 01

카제모 かぜも	후꾸시 ふくし	아메모 후루 あめも ふる
바람도	불고	비도 온다

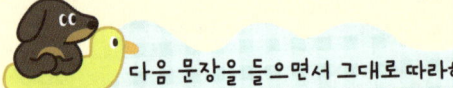
다음 문장을 들으면서 그대로 따라해봐!

02 **최상모   쿠루시   이상모   쿠루**
　　 チェさんも くるし イさんも くる。
　　　　　　　　　　　　　　　　　　　최 씨도 오고 이 씨도 온다.

03 **노도가   이따이시   하나미즈모   데마스**
　　 のどが   いたいし   はなみずも   でます。
　　　　　　　　　　　　　　　　　　　목이 아프고 콧물도 나옵니다.

04 **코노   후꾸와   키레-다시   야스이**
　　 この   ふくは   きれいだし   やすい。
　　　　　　　　　　　　　　　　　　　이 옷은 예쁘고 싸다.

05 카제(かぜ) 바람　~모(も) ~도　후꾸(ふく) 불다 **1G**　아메(あめ) 비　후루(ふる) 오다, 내리다 **1G**
쿠루(くる) 오다 **3G**　노도(のど) 목(구멍)　이따이(いたい) 아프다　하나미즈(はなみず) 콧물
데루(でる) 나오다 **2G**　후꾸(ふく) 옷　키레-다(きれいだ) 예쁘다　야스이(やすい) 싸다

~시(し)를 빈칸에 넣어서 직접 문장을 완성해봐!

① 설거지도 하고 청소도 한다.

사라아라이모 스루 시 소-지모 스루

さらあらいも する し そうじも する。

さらあらいも するし そうじも する。

さらあらい(사라아라이) 설거지
～も(모) ～도
する(스루) 하다 3G
そうじ(소-지) 청소

② 그는 운동도 잘하고 잘생겼다.

카레와 스포-츠모 데끼루 시 한사무다

かれは スポーツも できる ハンサムだ。

スポーツ(스포-츠) 스포츠
できる(데끼루) 잘하다 2G
ハンサムだ(한사무다) 핸섬하다, 잘생기다

③ 이 영화는 길고 재미없다.

코노 에-가와 나가이 시 츠마라나이

この えいがは ながい つまらない。

えいが(에-가) 영화
ながい(나가이) 길다
つまらない(츠마라나이) 재미없다, 지루하다

④ 라면은 싸고 맛있습니다.

라-멘와 야스이 시 오이시-데스

ラーメンは やすい おいしいです。

ラーメン(라-멘) 라면
やすい(야스이) 싸다
おいしい(오이시-) 맛있다

⑤ 요시다 씨는 쿨하고 멋쟁이입니다.

요시다상와 쿠-루다 시 오샤레데스

よしださんは クールだ おしゃれです。

クールだ(쿠-루다) 쿨하다
おしゃれだ(오샤레다) 멋쟁이다, 멋부리다

보-시가 니아우또 오모이마스

모자가 어울린다고 생각합니다

강의보기
음성듣기

패턴 071

동사의 기본형 뒤에 「~또 오모이마스(と おもいます)」가 오면, '~라고 생각합니다'라는 뜻이 돼. 말하는 사람의 추측이나 의견을 말할 때 많이 써. 그 외에 명사와 な형용사는 「~다또 오모이마스(だと おもいます)」가 되고, い형용사에는 기본형(~い)에 붙어.

대표 문장 01

보-시가	니아우	또 오모이마스
ぼうしが	にあう	と おもいます
모자가	어울린다	고 생각합니다

다음 문장을 들으면서 그대로 따라해봐!

02 **아시따와 하레루또 오모이마스** 내일은 맑아질 것이라고 생각합니다.
あしたは はれると おもいます。

03 **아이디아와 스바라시-또 오모이마스** 아이디어는 훌륭하다고 생각해요.
アイディアは すばらしいと おもいます。

04 **뉴-스와 우소다또 오모이마스** 뉴스는 거짓이라고 생각합니다.
ニュースは うそだと おもいます。

05 WORD

보-시(ぼうし) 모자   니아우(にあう) 어울리다 `1G`   오모우(おもう) 생각하다 `1G`   아시따(あした) 내일
하레루(はれる) 날씨가 개다, 맑아지다 `2G`   아이디아(アイディア) 아이디어   스바라시-(すばらしい) 훌륭하다
뉴-스(ニュース) 뉴스   우소(うそ) 거짓(말)

~또 오모이마스(と おもいます)를 빈칸에 넣어서 직접 문장을 완성해봐!

🎧11

🎧06 ❶ 다음 주는 눈이 올 거라고 생각합니다.

　　라이슈-와 유끼가 후루 　또 오모이마스　

　　らいしゅうは　ゆきが　ふる　と　おもいます。

　　らいしゅうは　ゆきが　ふると　おもいます。

らいしゅう(라이슈-) 다음 주
ゆき(유끼) 눈
ふる(후루) (눈, 비가) 오다 **1G**

🎧07 ❷ 이제 곧 도착할 것이라고 생각합니다.

　　모-스구 토-쨔꾸스루 　　

　　もうすぐ　とうちゃくする　　

もうすぐ(모-스구) 이제 곧
とうちゃくする(토-쨔꾸스루) 도착하다 **3G**

🎧08 ❸ 지금이 찬스라고 생각합니다.

　　이마가 쨘스다 　　

　　いまが　チャンスだ　　

いま(이마) 지금
チャンス(쨘스) 찬스, 기회

🎧09 ❹ 이 옷은 조금 화려하다고 생각합니다.

　　코노 후꾸와 춋또 하데다 　　

　　この　ふくは　ちょっと　はでだ　　

ふく(후꾸) 옷
ちょっと(춋또) 조금, 좀
はでだ(하데다) 화려하다

🎧10 ❺ 서울은 도쿄보다 춥다고 생각합니다.

　　소-루와 토-꾜-요리 사무이 　　

　　ソウルは　とうきょうより　さむい　　

ソウル(소-루) 서울
とうきょう(토-꾜-) 도쿄
～より(요리) ~보다
さむい(사무이) 춥다

라이게쯔 켓꼰스룬데스

패턴 072

다음 달 결혼해요

▶ 강의보기
🎧 음성듣기

동사의 기본형 뒤에 「~은데스(んです)」를 붙이면 '~해요, ~하거든요'라는 의미가 돼. 이유나 상황을 설명하거나 강조하는 회화체 표현이야. 그밖에 명사와 な형용사는 「~난데스(なんです)」의 형태로, い형용사는 기본형(~い)에 붙어.

대표문장 01

라이게쯔 らいげつ	켓꼰스룬데스 けっこんするんです
다음 달	결혼해요

🎧 다음 문장을 들으면서 그대로 따라해봐!

02 아시따　시껭가　아룬데스.　　　　　　내일 시험이 있거든요.
　　 あした　しけんが　あるんです。

03 라이슈-　푸산니　이꾼데스.　　　　　　다음 주 부산에 가거든요.
　　 らいしゅう　プサンに　いくんです。

04 아따마가　이따인데스.　　　　　　　　머리가 아파요.
　　 あたまが　いたいんです。

05 라이게쯔(らいげつ) 다음 달　켓꽁(けっこん) 결혼　스루(する) 하다 3G　아시따(あした) 내일
시껭(しけん) 시험　아루(ある) 있다 1G　라이슈-(らいしゅう) 다음 주　푸산(プサン) 부산
이꾸(いく) 가다 1G　아따마(あたま) 머리　이따이(いたい) 아프다

~은데스(んです)를 빈칸에 넣어서 직접 문장을 완성해봐!

🎧06 ❶ 아침부터 열이 있어요.

아사까라 네쯔가 아루 은데스

あさから ねつが ある んです。

あさから ねつが あるんです。

🎧11
あさ(아사) 아침
～から(까라) ～부터
ねつ(네쯔) 열
ある(아루) 있다 1G

🎧07 ❷ 남자친구와 헤어졌어요.

카레또 와까레따

かれと わかれた

かれ(카레) 그, 남자친구
わかれる(와까레루) 헤어지다 2G

🎧08 ❸ 오늘은 쉬는 날이에요.

쿄-와 야스미나

きょうは やすみな

きょう(쿄-) 오늘
やすみ(야스미) 쉬는 날, 휴일

🎧09 ❹ 덕질이 즐겁거든요.

오시카쯔가 타노시-

おしかつが たのしい

おしかつ(오시카쯔) (아이돌 등의) 덕질
たのしい(타노시-) 즐겁다

🎧10 ❺ 인사동은 유명해요.

인사동와 유-메-나

インサドンは ゆうめいな

インサドン(인사동) 인사동
ゆうめいだ(유-메-다) 유명하다

한자는 일본어의 힘이야. 읽으면서 따라 써봐!

한자	따라쓰기		한자	따라쓰기
あたま 頭 [아따마] 머리	あたま 頭		あつ 集まる [아쯔마루] 모이다	あつ 集まる
あら 洗う [아라우] 씻다	あら 洗う		いた 痛い [이따이] 아프다	いた 痛い
いま 今 [이마] 지금	いま 今		う 植える [우에루] 심다	う 植える
えい ご 英語 [에-고] 영어	えい ご 英語		およ 泳ぐ [오요구] 헤엄치다, 수영하다	およ 泳ぐ
おん ど 温度 [온도] 온도	おん ど 温度		か 借りる [카리루] 빌리다	か 借りる
かんが 考える [캉가에루] 생각하다	かんが 考える		かん じ 漢字 [칸지] 한자	かん じ 漢字
けっこん 結婚 [켓꽁] 결혼	けっ こん 結婚		ことし 今年 [코또시] 올해	ことし 今年
さかな 魚つり [사까나쯔리] 낚시	さかな 魚つり		さ 下げる [사게루] 줄이다, 낮추다	さ 下げる

> 한자는 일본어의 힘이야. 읽으면서 따라 써봐!

さらあら 皿洗い [사라아라이] 설거지	さら あら 皿洗い		じ てんしゃ 自転車 [지뗀샤] 자전거	じ てん しゃ 自転車	
たいふう 台風 [타이후-] 태풍	たい ふう 台風		つか 使う [츠까우] 쓰다, 이용하다	つか 使う	
て 手 [테] 손	て 手		で 出る [데루] 나오다, 나가다	で 出る	
とうちゃく 到着 [토-챠꾸] 도착	とう ちゃく 到着		と 泊まる [토마루] 머물다, 숙박하다	と 泊まる	
と 取る [토루] 따다, 취득하다	と 取る		に ほん ご 日本語 [니홍고] 일본어	に ほん ご 日本語	
ね 寝る [네루] 자다	ね 寝る		はなみず 鼻水 [하나미즈] 콧물	はな みず 鼻水	
は 晴れる [하레루] 날씨가 개다	は 晴れる		ひ 引く [히꾸] (악기를) 치다	ひ 引く	
らいしゅう 来週 [라이슈-] 다음 주	らい しゅう 来週		わか 別れる [와까레루] 헤어지다	わか 別れる	

8 동사 마스형에 붙는 표현
ます

073
나가라
ながら
~하면서

074
니 이끼마스
に いきます
~하러 갑니다

동사 마스형+
ます

075
카따
かた
~하는 방법

옹가꾸오 키끼나가라 네마스

음악을 들으면서 잡니다

동사의 마스(ます)형에 「〜나가라(ながら)」가 붙으면 '〜하면서'라는 뜻이 돼. 앞의 동작을 하면서 뒤의 동작을 같이 할 때 쓰는 말이지.

대표 문장 01

옹가꾸오	키끼나가라	네마스
おんがくを	ききながら	ねます
음악을	들으면서	잡니다

다음 문장을 들으면서 그대로 따라해봐!

02 **우따이나가라** **오도리마스** 　　노래를 부르면서 춤춥니다.
　　うたいながら　おどります。

03 **코-히-오** **노미나가라** **하나시마스** 　커피를 마시면서 이야기합니다.
　　コーヒーを　のみながら　はなします。

04 **스마호오** **미나가라** **아루끼마스** 　스마트폰을 보면서 걷습니다.
　　スマホを　みながら　あるきます。

옹가꾸(おんがく) 음악　키꾸(きく) 듣다 1G　네루(ねる) 자다 2G　우따우(うたう) 노래를 부르다, 노래하다 1G
오도루(おどる) 춤추다 1G　코-히-(コーヒー) 커피　노무(のむ) 마시다 1G　하나스(はなす) 이야기하다 1G
스마호(スマホ) 스마트폰　미루(みる) 보다 2G　아루꾸(あるく) 걷다 1G

~나가라(ながら)를 빈칸에 넣어서 직접 문장을 완성해봐!

❶ 기타를 치면서 노래해.

기타-오 히끼 [나가라] 우따우요

ギターを ひき[ながら] うたうよ。

ギターを ひきながら うたうよ。

ギター(기타-) 기타
ひく(히꾸) (악기를) 치다 **1G**
うたう(우따우) 노래하다 **1G**

❷ 밥을 먹으면서 텔레비전을 본다.

고항오 타베[　　] 테레비오 미루

ごはんを たべ[　　] テレビを みる。

[　　　　　　　　　　　]

ごはん(고항) 밥
たべる(타베루) 먹다 **2G**
テレビ(테레비) 텔레비전
みる(미루) 보다 **2G**

❸ 전화를 하면서 메모를 합니다.

뎅와오 시[　　] 메모오 시마스

でんわを し[　　] メモを します。

[　　　　　　　　　　　]

でんわ(뎅와) 전화
する(스루) 하다 **3G**
メモ(메모) 메모

❹ 자면서 잠꼬대를 합니다.

네[　　] 네고또오 이-마스

ね[　　] ねごとを いいます。

[　　　　　　　　　　　]

ねる(네루) 자다 **2G**
ねごとを いう(네고또오 이우)
　잠꼬대를 하다 **1G**

❺ 울면서 집에 돌아갔습니다.

나끼[　　] 이에니 카에리마시따

なき[　　] いえに かえりました。

[　　　　　　　　　　　]

なく(나꾸) 울다 **1G**
いえ(이에) 집
かえる(카에루) 돌아가다 **1G**

카노죠니 아이니 이끼마스

패턴 074

여자친구를 만나러 갑니다

「~니 이끼마스(に いきます)」는 '~하러 갑니다'라는 뜻으로, 이동하는 목적을 나타내는 표현이야.
「~니(に)」앞에는 동사의 마스(ます)형이 오는데, 동작을 나타내는 한자어가 오기도 해.

대표 문장 01

| 카노죠니
かのじょに
여자친구를 | 아이니
あいに
만나러 | 이끼마스
いきます
갑니다 |

다음 문장을 들으면서 그대로 따라해봐!

02 잇빠이　노미니　이끼마스.
　　 いっぱい　のみに　いきます。　　　　　　한 잔 마시러 갑니다.

03 와스레모노오　토리니　이끼마스
　　 わすれものを　とりに　いきます。　　　　두고 온 물건을 가지러 갑니다.

04 이누또　삼뽀니　이끼마스
　　 いぬと　さんぽに　いきます。　　　　　　개와 산책하러 갑니다.

05 WORD 카노죠(かのじょ) 그녀, 여자친구　~니 아우(に あう) ~를 만나다 `1G`　이꾸(いく) 가다 `1G`
잇빠이(いっぱい) ① 한 잔 ② 가득　노무(のむ) 마시다 `1G`　와스레모노(わすれもの) (집, 전철 등에) 두고 온 물건
토루(とる) 잡다, 가져오다 `1G`　이누(いぬ) 개　삼뽀(さんぽ) 산책

~니 이끼마스(に いきます)를 빈칸에 넣어서 직접 문장을 완성해봐!

🎧11

🎧06 ❶ 친구 집에 놀러 갑니다.

　　토모다찌노 이에니 아소비 니 이끼마스
　　ともだちの いえに あそび に いきます。
　　ともだちの いえに あそびに いきます。

ともだち(토모다찌) 친구
いえ(이에) 집
あそぶ(아소부) 놀다 1G

🎧07 ❷ 책을 반납하러 갑니다.

　　홍오 카에시
　　ほんを かえし

ほん(홍) 책
かえす(카에스) 반납하다 1G

🎧08 ❸ 선생님을 배웅하러 갑니다.

　　센세-오 미오꾸리
　　せんせいを みおくり

せんせい(센세-) 선생님
みおくる(미오꾸루) 배웅하다, 바래다주다 1G

🎧09 ❹ 아이를 마중하러(데리러) 갑니다.

　　코도모오 무까에
　　こどもを むかえ

こども(코도모) 아이, 어린이
むかえる(무까에루) 마중하다 2G

🎧10 ❺ 오늘도 일하러 갑니다.

　　쿄-모 시고또
　　きょうも しごと

きょう(쿄-) 오늘
しごと(시고또) 일

칸지노 카키카따
한자 쓰는 법

강의보기
음성듣기

패턴 075

동사의 마스(ます)형에 「~카따(かた)」를 붙이면 '~하는 방법'이라는 뜻이 돼. 어떤 동작이나 행동을 어떻게 하는지 표현할 때 쓰는데, 명사처럼 활용할 수 있어.

| 칸지노
かんじの
한자 | 카키카따
かきかた
쓰는 법 |

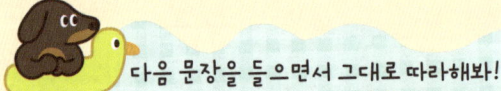

다음 문장을 들으면서 그대로 따라해봐!

02 이키카따가　칸딴다　　　　　가는 법이 간단하다.
　　　いきかたが　かんたんだ。

03 츠까이카따가　무즈까시-데스　　사용법이 어렵습니다.
　　　つかいかたが　むずかしいです。

04 고미노　와케카따가　와까리마셍　쓰레기 분리하는 법을 모르겠습니다.
　　　ゴミの　わけかたが　わかりません。

05 칸지(かんじ) 한자　카꾸(かく) 쓰다 **1G**　이꾸(いく) 가다 **1G**　칸딴다(かんたんだ) 간단하다
츠까우(つかう) 쓰다, 사용하다 **1G**　무즈까시-(むずかしい) 어렵다　고미(ゴミ) 쓰레기
와께루(わける) 분리하다, 나누다 **2G**　~가 와까루(が わかる) ~을 알다 **1G**

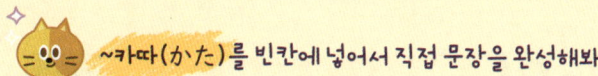

~카따(かた)를 빈칸에 넣어서 직접 문장을 완성해봐!

🎧11

🎧06 ❶ 하이볼 만드는 법을 배웁니다.

　　하이보-루노 츠꾸리 [카따] 오 나라이마스

　　ハイボールの　つくり[かた]を　ならいます。

　　(ハイボールの　つくりかたを　ならいます。)

ハイボール(하이보-루) 하이볼
つくる(츠꾸루) 만들다 **1G**
ならう(나라우) 배우다 **1G**

🎧07 ❷ 기타 치는 법을 가르칩니다.

　　기타-노 히키 [　　] 오 오시에마스

　　ギターの　ひき[　　]を　おしえます。

　　[　　　　　　　　　　　　　　]

ギター(기타-) 기타
ひく(히꾸) (악기를) 치다 **1G**
おしえる(오시에루) 가르치다 **2G**

🎧08 ❸ 돈 쓰는 법이 중요해요.

　　오까네노 츠까이 [　　] 가 타이세쯔데스

　　おかねの　つかい[　　]が　たいせつです。

　　[　　　　　　　　　　　　　　]

おかね(오까네) 돈
つかう(츠까우) 쓰다 **1G**
たいせつだ(타이세쯔다) 중요하다

🎧09 ❹ 주문하는 법을 모르겠어요.

　　츄-몬노 시 [　　] 가 와까리마셍

　　ちゅうもんの　し[　　]が　わかりません。

　　[　　　　　　　　　　　　　　]

ちゅうもん(츄-몽) 주문
〜が わかる(가 와까루)
〜을 알다 **1G**

🎧10 ❺ 그림 그리는 법을 보여줍니다.

　　에노 카끼 [　　] 오 미세마스

　　えの　かき[　　]を　みせます。

　　[　　　　　　　　　　　　　　]

え(에) 그림
かく(카꾸) 그리다 **1G**
みせる(미세루) 보여주다 **2G**

패턴 076

오사께오 노미스기마시따

술을 너무 많이 마셨습니다

강의보기
음성듣기

동사의 마스(ます)형에 「~스기마시따(すぎました)」를 붙이면 '지나치게(너무 많이) ~했습니다'라는 뜻이 돼. 동사 「스기루(すぎる) 수준·정도를 넘다, 지나치다」에서 온 표현이야. 동사의 마스(ます)형 외에 이(い)형용사나 나(な)형용사의 어간에 붙기도 하니까 함께 알아둬~.

대표문장 01

오사께오	노미스기마시따
おさけを	のみすぎました
술을	너무 많이 마셨습니다

다음 문장을 들으면서 그대로 따라해봐!

02 **후꾸오   카이스기마시따**
　　ふくを　　かいすぎました。
　　　　　　　　　　　　　　　　옷을 너무 많이 샀습니다.

03 **라-멩오   타베스기마시따**
　　ラーメンを　たべすぎました。
　　　　　　　　　　　　　　　　라면을 너무 많이 먹었습니다.

04 **망가오   요미스기마시따**
　　まんがを　　よみすぎました。
　　　　　　　　　　　　　　　　만화를 너무 많이 읽었어요.

05 **WORD**
오사께(おさけ) 술　노무(のむ) 마시다 1G　후꾸(ふく) 옷　카우(かう) 사다 1G
라-멩(ラーメン) 라면　타베루(たべる) 먹다 2G　망가(まんが) 만화　요무(よむ) 읽다 1G

~스기마시따(すぎました)를 빈칸에 넣어서 직접 문장을 완성해봐!

❶ 돈을 너무 많이 썼습니다.

오까네오 츠까이 스기마시따

おかねを　つかい　すぎました。

おかねを　つかいすぎました。

おかね(오까네) 돈
つかう(츠까우) 쓰다, 사용하다 1G

❷ 친구에게 말을 지나치게 했습니다.

토모다찌니 이-

ともだちに　いい

ともだち(토모다찌) 친구
いう(이우) 말하다 1G

❸ 게임을 너무 많이 했어요.

게-무오 시

ゲームを　し

ゲーム(게-무) 게임
する(스루) 하다 3G

❹ 사이즈가 너무 컸어요.

사이즈가 오-끼

サイズが　おおき

サイズ(사이즈) 사이즈
おおきい(오-끼-) 크다

❺ 시험은 너무 쉬웠습니다.

테스토와 칸딴

テストは　かんたん

テスト(테스토) 테스트, 시험
かんたんだ(칸딴다) 간단하다, 쉽다

패턴 077

나니까 노미따이

뭔가 마시고 싶어

강의보기
음성듣기

동사의 마스(ます)형에 「~따이(たい)」를 붙이면 '~하고 싶다'라는 희망을 나타내는 표현이 돼. 정중형은 뒤에 「데스(です)」를 붙여서 「~따이데스(たいです)」라고 하면 되지.

대표 문장 01

나니까	노미따이
なにか	のみたい
뭔가	마시고 싶어

다음 문장을 들으면서 그대로 따라해봐!

02 테-마파-쿠니　이키따이　　　　놀이공원에 가고 싶어.
　　テーマパークに　いきたい。

03 카이샤오　야메따이데스　　　　회사를 그만두고 싶습니다.
　　かいしゃを　やめたいです。

04 하야꾸　켓꼰시따이데스　　　　빨리 결혼하고 싶어요.
　　はやく　けっこんしたいです。

05 나니까(なにか) 뭔가　　노무(のむ) 마시다 `1G`　　테-마파-쿠(テーマパーク) 놀이공원　　이꾸(いく) 가다 `1G`
　　카이샤(かいしゃ) 회사　　야메루(やめる) 그만두다 `2G`　　하야꾸(はやく) 빨리
　　켓꼰스루(けっこんする) 결혼하다 `3G`

~따이/따이데스(たい/たいです)를 빈칸에 넣어서 직접 문장을 완성해봐!

🎧11

🎧06 ❶ 친구를 만나고 싶어.

토모다찌니 아이 [따이]

ともだちに あい [たい]。

ともだちに あいたい。

ともだち(토모다찌) 친구

〜に あう(니 아우) 〜를 만나다 **1G**

🎧07 ❷ 좋은 방을 찾고 싶습니다.

이- 헤야오 미츠케 [　　　]

いい　へやを　みつけ [　　　]

[　　　　　　　　　　　　]

いい(이-) 좋다, 좋은

へや(헤야) 방

みつける(미츠께루) 찾다, 발견하다 **2G**

🎧08 ❸ 짐을 맡기고 싶습니다.

니모쯔오 아즈케 [　　　]

にもつを　あずけ [　　　]

[　　　　　　　　　　　　]

にもつ(니모쯔) 짐

あずける(아즈께루) 맡기다 **2G**

🎧09 ❹ 조금 더 생각하고 싶어.

모-스꼬시 캉가에 [　　　]

もうすこし　かんがえ [　　　]

[　　　　　　　　　　　　]

もうすこし(모-스꼬시) 조금 더

かんがえる(캉가에루) 생각하다 **2G**

🎧10 ❺ 한국을 안내하고 싶습니다.

캉코꾸오 안나이시 [　　　]

かんこくを　あんないし [　　　]

[　　　　　　　　　　　　]

かんこく(캉코꾸) 한국

あんないする(안나이스루) 안내하다 **3G**

코노 오모쨔와 코와레야스이

패턴 078

이 장난감은 망가지기 쉽다

▶ 강의보기
🎧 음성듣기

동사의 마스(ます)형에 「~야스이(やすい)」를 붙이면 '~하기 쉽다, ~하기 좋다'라는 뜻이 돼. 정중형은 뒤에 「데스(です)」를 붙여서 「야스이데스(やすいです)」라고 하면 되지. 이 표현은 문맥에 따라 좋은 평가가 되기도 하고 나쁜 평가가 되기도 해.

대표 문장 01

코노 오모쨔와	코와레야스이
この おもちゃは	こわれやすい
이 장난감은	망가지기 쉽다

다음 문장을 들으면서 그대로 따라해봐!

02 후유와　카제오　히끼야스이．　　　겨울은 감기에 걸리기 쉽다.
　　 ふゆは　かぜを　ひきやすい。

03 오까유와　타베야스이．　　　　　　죽은 먹기 좋다.
　　 おかゆは　たべやすい。

04 코노　쿠루마와　운뗀시야스이데스．　이 차는 운전하기 쉽습니다.
　　 この　くるまは　うんてんしやすいです。

05 오모쨔(おもちゃ) 장난감　코와레루(こわれる) 부서지다, 망가지다 `2G`　후유(ふゆ) 겨울
카제오 히꾸(かぜを ひく) 감기에 걸리다 `1G`　오까유(おかゆ) 죽　타베루(たべる) 먹다 `2G`
쿠루마(くるま) 자동차　운뗀스루(うんてんする) 운전하다 `3G`

~야스이/야스이데스(やすい/やすいです)를 빈칸에 넣어서 직접 문장을 완성해봐!

🎧11

🎧06 ❶ 삼각김밥은 간단히 먹기 좋다.

　　오니기리와 칸딴니 타베 야스이

　　おにぎりは　かんたんに　たべ やすい。

　　おにぎりは　かんたんに　たべやすい。

おにぎり(오니기리) 삼각김밥, 주먹밥
かんたんに(칸딴니) 간단히, 쉽게
たべる(타베루) 먹다 2G

🎧07 ❷ 이 동네는 매우 살기 좋다.

　　코노 마찌와 토떼모 스미

　　この　まちは　とても　すみ

まち(마찌) 동네
とても(토떼모) 매우, 아주
すむ(스무) 살다 1G

🎧08 ❸ 출구를 틀리기 쉽습니다.

　　데구찌오 마찌가에

　　でぐちを　まちがえ

でぐち(데구찌) 출구
まちがえる(마찌가에루) 틀리다 2G

🎧09 ❹ 이 신발은 가벼워서 걷기 편하다.

　　코노 쿠쯔와 카루쿠떼 아루끼

　　この　くつは　かるくて　あるき

くつ(쿠쯔) 신발
かるい(카루이) 가볍다
あるく(아루꾸) 걷다 1G

🎧10 ❺ 설명이 이해하기 쉽습니다.

　　세쯔메-가 리까이시

　　せつめいが　りかいし

せつめい(세쯔메-) 설명
りかいする(리까이스루) 이해하다 3G

패턴 079

코노 칸지와 요미니꾸이
이 한자는 읽기 어렵다

▶ 강의보기
🎧 음성듣기

동사의 마스(ます)형에 「~니꾸이(にくい)」를 붙이면 '~하기 어렵다, ~하기 힘들다'라는 뜻이 돼. 정중형은 뒤에 「데스(です)」를 붙여서 「~니꾸이데스(にくいです)」라고 하면 되지.

대표 문장 🎧01

| 코노 칸지와
この かんじは
이 한자는 | 요미니꾸이
よみにくい
읽기 어렵다 |

다음 문장을 들으면서 그대로 따라해봐!

🎧02 **카따이   오까시와   타베니꾸이**   딱딱한 과자는 먹기 힘들다.
    かたい　　おかしは　　たべにくい。

🎧03 **코노   아푸리와   츠까이니꾸이**   이 앱은 쓰기 어려워.
    この　　アプリは　　つかいにくい。

🎧04 **소레와   코따에니꾸이데스**   그것은 대답하기 어렵습니다.
    それは　　こたえにくいです。

🎧05 **칸지**(かんじ) 한자　**요무**(よむ) 읽다 `1G`　**카따이**(かたい) 딱딱하다　**오까시**(おかし) 과자
　　타베루(たべる) 먹다 `2G`　**아푸리**(アプリ) 애플리케이션, 앱　**츠까우**(つかう) 사용하다, 쓰다 `1G`
　　코따에루(こたえる) 대답하다 `2G`

~니꾸이/니꾸이데스(にくい/にくいです)를 빈칸에 넣어서 직접 문장을 완성해봐!

1 하이힐은 걷기 힘들다.

하이히-루와 아루끼 [니꾸이]

ハイヒールは あるき [にくい]。

ハイヒールは あるきにくい。

ハイヒール(하이히-루) 하이힐
あるく(아루꾸) 걷다 1G

2 여기서는 말하기 어려워.

코꼬데와 하나시

ここでは はなし

ここ(코꼬) 여기
はなす(하나스) 말하다 1G

3 만화 내용이 이해하기 어렵다.

망가노 나이요-가 와까리

まんがの ないようが わかり

まんが(망가) 만화
ないよう(나이요-) 내용
わかる(와까루) 알다, 이해하다 1G

4 뜨거운 물의 온도를 맞추기 어렵습니다.

오유노 온도오 아와세

おゆの おんどを あわせ

おゆ(오유) 뜨거운 물
おんど(온도) 온도
あわせる(아와세루) 맞추다 2G

5 높은 곳은 청소하기 어렵습니다.

타까이 토꼬로와 소-지시

たかい ところは そうじし

たかい(타까이) 높다
ところ(토꼬로) 곳
そうじする(소-지스루) 청소하다 3G

> 한자는 일본어의 힘이야. 읽으면서 따라 써봐!

あそ 遊ぶ [아소부]	あそ 遊ぶ		ある 歩く [아루꾸]	ある 歩く	
놀다			걷다		
あ 合わせる [아와세루]	あ 合わせる		あんない 案内 [안나이]	あん ない 案内	
맞추다			안내		
いっぱい 一杯 [잇빠이]	いっ ぱい 一杯		うた 歌う [우따우]	うた 歌う	
①한 잔 ②가득			노래하다		
おお 大きい [오-끼-]	おお 大きい		ゆ お湯 [오유]	ゆ お湯	
크다			뜨거운 물		
かえ 返す [카에스]	かえ 返す		かた 固い [카따이]	かた 固い	
반납하다			딱딱하다		
かる 軽い [카루이]	かる 軽い		かんたん 簡単に [칸딴니]	かん たん 簡単に	
가볍다			간단히, 쉽게		
きょう 今日 [쿄-]	きょう 今日		こた 答える [코따에루]	こた 答える	
오늘			대답하다		

한자는 일본어의 힘이야. 읽으면서 메다 써봐!

한자	쓰기	한자	쓰기
住む [스무] 살다	住む	注文 [쥬-몽] 주문	注文
電話 [뎅와] 전화	電話	所 [토꼬로] 곳, 장소	所
泣く [나꾸] 울다	泣く	習う [나라우] 배우다	習う
荷物 [니모쯔] 짐	荷物	寝言 [네고또] 잠꼬대	寝言
見せる [미세루] 보여주다	見せる	見つける [미츠께루] 찾다, 발견하다	見つける
難しい [무즈까시-] 어렵다	難しい	辞める [야메루] 그만두다	辞める
分ける [와께루] 분리하다, 나누다	分ける	忘れ物 [와스레모노] 두고 온 물건	忘れ物

8 동사 마스형에 붙는 표현

9 동사 ない형에 붙는 표현

080
나이
ない
~하지 않다

081
나캇따
なかった
~하지 않았다

동사 나이형+
ない

083
나이 요-니
ない ように
~하지 않도록

동사의 나이(ない)형

동사에 부정을 나타내는 「나이(ない)」가 오면 '~하지 않다'의 뜻이 되고, 「い형용사」와 같은 형태로 활용해. 아래 표와 같이 동사의 종류에 따라 접속하는 방법이 다른데, 앞으로 「나이(ない)」에 접속하는 형태를 「동사의 나이(ない)형」이라고 부를게.

1그룹 동사 1G	끝의 「우(u)단」을 「아(a)단」으로 바꾸고 「나이(ない)」를 붙여. 우(u)단 ➡ 아(a)단 ➡ +ない	이꾸 いく 가다 ➡	이까 いか ➡	이까나이 **いか**ない 가지 않다
		하나스 はなす 이야기하다 ➡	하나사 はなさ ➡	하나사나이 **はなさ**ない 이야기하지 않다
		마쯔 まつ 기다리다 ➡	마따 また ➡	마따나이 **また**ない 기다리지 않다
		요무 よむ 읽다 ➡	요마 よま ➡	요마나이 **よま**ない 읽지 않다
	cf. 주의 끝이 우(う)로 끝나는 동사는 ~아나이(あない)가 아니라 ~와나이(わない)가 돼. う ➡ ~わ+ない	아우 あう 만나다 ➡	아와 あわ ➡	아와나이 **あわ**ない 만나지 않다
2그룹 동사 2G	끝의 「루(る)」를 빼고 「나이(ない)」를 붙여. る ➡ +ない	미루 みる 보다 ➡	미 み~る~ ➡	미나이 **み**ない 보지 않다
		타베루 たべる 먹다 ➡	타베 たべ~る~ ➡	타베나이 **たべ**ない 먹지 않다
3그룹 동사 3G	불규칙하게 변하지만 딱 2개야. 그대로 외우면 돼.	스루 する 하다 ➡		시나이 **し**ない 하지 않다
		쿠루 くる 오다 ➡		코나이 **こ**ない 오지 않다

파란 박스 부분이 '동사의 나이(ない)형'이야!

보기와 같이 동사를 「~나이(ない)」의 형태로 바꿔봐!

▶정답은 p. 280

보기

기타-오 히꾸
ギターを ひく
기타를 치다
↓
히까나이
ひかない
치지 않는다

우따오 우따우
うたを うたう
노래를 부르다
↓

부르지 않는다

미즈오 아게루
みずを あげる
물을 주다
↓

주지 않는다

료꼬-니 이꾸
りょこうに いく
여행 가다
↓

가지 않는다

샤싱오 토루
しゃしんを とる
사진을 찍다
↓

찍지 않는다

스마호오 미루
スマホを みる
스마트폰을 보다
↓

보지 않는다

코도모또 아소부
こどもと あそぶ
아이와 놀다
↓

놀지 않는다

토모다치또 하나스
ともだちと はなす
친구와 이야기하다
↓

이야기하지 않는다

바스가 쿠루
バスが くる
버스가 오다
↓

오지 않는다

패턴 080

나마에오 카까나이

이름을 쓰지 않는다

동사의 나이(ない)형에 「~나이(ない)」를 붙이면 '~하지 않다'라는 부정의 뜻이 돼. 각 동사 그룹별로 그 형태가 달라지니까 잘 따져가면서 바꿔야 해.

대표 문장 01

나마에오	카까나이
なまえを	かかない
이름을	쓰지 않는다

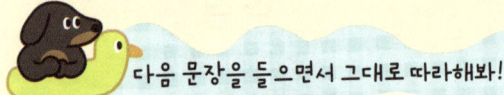

다음 문장을 들으면서 그대로 따라해봐!

02 센세-니 아와나이
せんせいに あわない。
선생님을 만나지 않는다.

03 에-가오 미나이
えいがを みない。
영화를 보지 않는다.

04 아루바이토오 시나이
アルバイトを しない。
아르바이트를 하지 않는다.

WORD 05

나마에(なまえ) 이름　카꾸(かく) 쓰다 `1G`　센세-(せんせい) 선생님　~니 아우(に あう) ~를 만나다 `1G`
에-가(えいが) 영화　미루(みる) 보다 `2G`　아루바이토(アルバイト) 아르바이트　스루(する) 하다 `3G`

~ない를 빈칸에 넣어서 직접 문장을 완성해봐!

🎧 06 ❶ 잔소리가 멈추지 않는다(끝이 없다).

　　　코고또가 토마라 [ない]

　　　こごとが　とまら [ない]。

　　　[こごとが　とまらない。]

こごと(코고또) 잔소리
とまる(토마루) 멎다, 그치다 1G

🎧 07 ❷ 초콜릿은 안 살 거야.

　　　쵸코와 카와 [　　　] 요

　　　チョコは　かわ [　　　] よ。

　　　[　　　　　　　　　　]

チョコ(쵸코) 초콜릿
(チョコレート의 준말)
かう(카우) 사다 1G

🎧 08 ❸ 그 이야기는 믿지 않아.

　　　소노 하나시와 신지 [　　]

　　　その　はなしは　しんじ [　　]

　　　[　　　　　　　　　　]

はなし(하나시) 이야기
しんじる(신지루) 믿다 2G

🎧 09 ❹ 친구 이름을 잊어버리지 않는다.

　　　토모다찌노 나마에오 와스레 [　　]

　　　ともだちの　なまえを　わすれ [　　]

　　　[　　　　　　　　　　]

ともだち(토모다찌) 친구
なまえ(나마에) 이름
わすれる(와스레루) 잊다, 잊어버리다 2G

🎧 10 ❺ 별로 손님이 오지 않는다.

　　　아마리 오꺅상가 코 [　　]

　　　あまり　おきゃくさんが　こ [　　]

　　　[　　　　　　　　　　]

あまり(아마리) 그다지, 별로
おきゃくさん(오꺅상) 손님
くる(쿠루) 오다 3G

9 동사 나이형에 붙는 표현 213

나마에오 카까나캇따

이름을 쓰지 않았다

동사의 나이(ない)형에 「~나캇따(なかった)」가 붙으면 '~하지 않았다'라는 과거부정형이 돼. 정중형은 뒤에 「데스(です)」만 붙이면 돼. 즉 「~나캇따데스(なかったです) ~하지 않았습니다」의 형태가 되지.

대표 문장 01

나마에오	카까나캇따
なまえを	かか なかった
이름을	쓰지 않았다

다음 문장을 들으면서 그대로 따라해봐!

02 **토모다치또   아소바나캇따**
ともだちと   あそば なかった。
친구와 놀지 않았다.

03 **키노-와   네나캇따**
きのうは   ね なかった。
어제는 자지 않았다.

04 **데리바리-가   코나캇따**
デリバリーが   こ なかった。
배달이 오지 않았다.

05 **토모다찌**(ともだち) 친구   **아소부**(あそぶ) 놀다 1G   **키노-**(きのう) 어제   **네루**(ねる) 자다 2G
데리바리-(デリバリー) 딜리버리, 배달   **쿠루**(くる) 오다 3G

~나캇따/나캇따데스(なかった/なかったです)를 빈칸에 넣어서 직접 문장을 완성해봐!

🎧06 ❶ 룰을 지키지 않았다.

루-루오 마모라 나캇따

ルールを　まもら なかった。

　　　ルールを　まもらなかった。

ルール(루-루) 룰, 규칙

まもる(마모루) 지키다 1G

🎧07 ❷ 전혀 웃지 않았습니다.

젠젠 와라와

ぜんぜん　わらわ

ぜんぜん(젠젠) 전혀

わらう(와라우) 웃다 1G

🎧08 ❸ 책상 위를 정리하지 않았다.

츠꾸에노 우에오 카따즈께

つくえの　うえを　かたづけ

つくえ(츠꾸에) 책상

うえ(우에) 위

かたづける(카따즈께루) 정리하다, 정돈하다 2G

🎧09 ❹ 오늘은 집에서 나가지 않았습니다.

쿄-와 이에까라 데

きょうは　いえから　で

きょう(쿄-) 오늘

いえ(이에) 집

でる(데루) 나가다 2G

🎧10 ❺ 하루 종일 공부를 하지 않았다.

이찌니찌쥬- 벵꾜-오 시

いちにちじゅう　べんきょうを　し

いちにちじゅう(이찌니찌쥬-) 하루 종일

べんきょう(벵꾜-) 공부

する(스루) 하다 3G

패턴 082

고미오 스떼나이데 쿠다사이

쓰레기를 버리지 마세요

강의보기
음성듣기

동사의 나이(ない)형에 「~나이데 쿠다사이(ないで ください)」가 붙으면 '~하지 마세요'라는 부탁이나 부드러운 금지 표현이 돼. 「~나이데(ないで)」만 붙이면 '~하지 마'라는 반말체가 되니까, 친구나 동생에게 쓸 때는 「쿠다사이(ください)」를 빼고 말해봐.

대표 문장 01

고미오	스떼나이데	쿠다사이
ゴミを	すてないで	ください
쓰레기를	버리지 마	세요

다음 문장을 들으면서 그대로 따라해봐!

02 **샤싱오   토라나이데   쿠다사이**   사진을 찍지 마세요.
  しゃしんを とらないで   ください。

03 **키이로이   셍오   코에나이데   쿠다사이**   노란 선을 넘지 마세요.
  きいろい   せんを こえないで   ください。

04 **사꾸힌니   사와라나이데**   작품에 손대지 마.
  さくひんに さわらないで。

05 **고미**(ゴミ) 쓰레기 **스떼루**(すてる) 버리다 2G **샤싱**(しゃしん) 사진 **토루**(とる) 찍다 1G
키이로이(きいろい) 노랗다, 노란 **셍**(せん) 선 **코에루**(こえる) 넘다 2G **사꾸힝**(さくひん) 작품
사와루(さわる) 손을 대다, 만지다 1G

~나이데/나이데 쿠다사이(ないで/ないでください)를 빈칸에 넣어서 직접 문장을 완성해봐!

🎧11

🎧06 ❶ 안에 들어가지 마세요.

　　　나까니 하이라 　나이데 쿠다사이

　　　なかに　はいら　ないで　ください。

　　　なかに　はいらないで　ください。

なか(나까) 안

はいる(하이루) 들어가다 1G

🎧07 ❷ 아무에게도 말하지 마세요.

　　　다레니모 이와

　　　だれにも　いわ

だれにも(다레니모) 아무에게도

いう(이우) 말하다 1G

🎧08 ❸ 비밀번호를 잊어버리지 마.

　　　안쇼-방고-오 와스레

　　　あんしょうばんごうを　わすれ

あんしょうばんごう

(안쇼-방고-) 비밀번호

わすれる(와스레루) 잊다,

잊어버리다 2G

🎧09 ❹ 면접에 지각하지 마세요.

　　　멘세쯔니 치코꾸 시

　　　めんせつに　ちこく　し

めんせつ(멘세쯔) 면접

ちこくする(치코꾸스루)

지각하다 3G

🎧10 ❺ 신경 쓰지 마.

　　　키니 시

　　　きに　し

きに する(키니 스루) 신경 쓰다 3G

오까시오 카와나이 요-니 시마스

패턴 083

과자를 사지 않도록 합니다

▶ 강의보기
🎧 음성듣기

동사의 나이(ない)형에 「~나이 요-니(ないように)」가 붙으면 '~하지 않도록'이라는 뜻이 돼. 보통 뒤에 '~합니다/합시다/해 주세요' 등의 말이 와.

대표 문장 01

오까시오	카와나이 요-니	시마스
おかしを	かわないように	します
과자를	사지 않도록	합니다

다음 문장을 들으면서 그대로 따라해봐!

02 오사께오　노마나이 요-니　시마스
　　おさけを　のまないように　します。
　　술을 마시지 않도록 합니다.

03 아시따와　오꾸레나이 요-니　시마쇼-
　　あしたは　おくれないように　しましょう。
　　내일은 늦지 않도록 합시다.

04 아마이　모노오　타베나이 요-니　스루
　　あまい　ものを　たべないように　する。
　　단 것을 먹지 않도록 한다.

05 WORD
오까시(おかし) 과자　카우(かう) 사다 `1G`　스루(する) 하다 `3G`　오사께(おさけ) 술　노무(のむ) 마시다 `1G`
아시따(あした) 내일　오꾸레루(おくれる) 늦다, 늦어지다 `2G`　아마이(あまい) 달다　모노(もの) 것
타베루(たべる) 먹다 `2G`

~나이 요-니(ない ように)를 빈칸에 넣어서 직접 문장을 완성해봐!

❶ 비밀번호를 알지 못하도록 합니다.

파스와-도가 와까라 　나이요-니　 시마스

パスワードが　わから　ないように　します。

パスワードが　わからないように　します。

パスワード(파스와-도)
패스워드, 비밀번호
~が わかる(가 와까루)
~을 알다 1G

❷ 스토브를 만지지 않도록 합니다.

스토-부오 사와라 　　　　　 시마스

ストーブを　さわら　　　　　します。

ストーブ(스토-부) 스토브
さわる(사와루) 만지다,
손을 대다 1G

❸ 인터넷을 보지 않도록 한다.

인타-넷토오 미 　　　　　 스루

インターネットを　み　　　　　する。

インターネット(인타-넷토)
인터넷
みる(미루) 보다 2G

❹ 마감일을 지나지 않도록 해 주세요.

시메끼리오 스기 　　　　　 시떼 쿠다사이

しめきりを　すぎ　　　　　して　ください。

しめきり(시메끼리) 마감(일)
すぎる(스기루) 지나다 2G
~て ください(떼 쿠다사이)
~해 주세요

❺ 태풍이 오지 않도록 빕니다.

타이후-가 코 　　　　　 이노리마스

たいふうが　こ　　　　　いのります。

たいふう(타이후-) 태풍
くる(쿠루) 오다 3G
いのる(이노루) 빌다, 기도하다 1G

타바코와 스와나이 호-가 이-

패턴 084

담배는 피우지 않는 게 좋아

동사의 나이(ない)형에 「~나이 호-가 이-(ない ほうが いい)」가 붙으면 '~하지 않는 편이 좋아, ~하지 않는 게 좋아'라는 조언의 의미가 돼. 「호-(ほう)」가 '~편'이라는 뜻이야. 뒤에 「데스(です)」를 붙이면 (~나이 호-가 이-데스) 정중한 표현이 돼.

| 타바코와
タバコは
담배는 | 스와나이
すわない
피우지 않는 | 호-가 이-
ほうが いい
게 좋아 |

02 코꼬데와　하시라나이　호-가　이-　　　여기서는 뛰지 않는 게 좋아.
　　 ここでは　はしらない　ほうが　いい。

03 소또니　데나이　호-가　이-요　　　　　밖에 나가지 않는 편이 좋아.
　　 そとに　でない　ほうが　いいよ。

04 치코꾸　시나이　호-가　이-　　　　　　지각하지 않는 게 좋아.
　　 ちこく　しない　ほうが　いい。

타바코(タバコ) 담배　스우(すう) 피우다 **1G**　코꼬(ここ) 여기, 이곳　~데와(では) ~에서는
하시루(はしる) 뛰다, 달리다 **1G**　소또(そと) 밖　데루(でる) 나가다 **2G**　치코꾸(ちこく) 지각
스루(する) 하다 **3G**

~나이 호-가 이-/이-데스(ない ほうが いい/いいです)를 빈칸에 넣어서 직접 문장을 완성해봐!

1 혼자서 돌아가지 않는 편이 좋아.

히또리데 카에라 　나이 호-가 이-

ひとりで　かえら　ない　ほうが　いい。

ひとりで　かえらない　ほうが　いい。

ひとりで(히또리데) 혼자서

かえる(카에루) 돌아가다 1G

2 제멋대로 정하지 않는 게 좋아.

캇떼니 키메

かってに　きめ

かってに(캇떼니) 제멋대로

きめる(키메루) 정하다, 결정하다 2G

3 고추장은 넣지 않는 게 좋아.

코츄쟝와 이레

コチュジャンは　いれ

コチュジャン(코츄쟝) 고추장

いれる(이레루) 넣다 2G

4 이 의자에는 앉지 않는 편이 좋습니다.

코노 이스니와 스와라

この　いすには　すわら

いす(이스) 의자

すわる(스와루) 앉다 1G

5 아직 퇴원하지 않는 편이 좋습니다.

마다 타이인 시

まだ　たいいん　し

まだ(마다) 아직

たいいんする(타이인스루) 퇴원하다 3G

패턴 085 : 바스가 코나쿠떼 오꾸레마시따

버스가 오지 않아서 늦었어요

동사의 나이(ない)형에 「~나쿠떼(なくて)」가 붙으면 '~하지 않아서'라는 이유를 나타내는 표현이 돼.

대표 문장 01

바스가	코나쿠떼	오꾸레마시따
バスが	こなくて	おくれました
버스가	오지 않아서	늦었어요

다음 문장을 들으면서 그대로 따라해봐!

02 시고또가 / 오와라나쿠떼 / 츠까레마스
　　 しごとが　 おわらなくて　 つかれます。
일이 끝나지 않아서 힘듭니다.

03 미즈오 / 아게나쿠떼 / 카레마시따
　　 みずを　 あげなくて　 かれました。
물을 주지 않아서 시들었습니다.

04 렌라꾸가 / 코나쿠떼 / 심빠이데스
　　 れんらくが　 こなくて　 しんぱいです。
연락이 오지 않아서 걱정입니다.

05 바스(バス) 버스　쿠루(くる) 오다 **3G**　오꾸레루(おくれる) 늦다, 지각하다 **2G**　시고또(しごと) 일, 업무
오와루(おわる) 끝나다 **1G**　츠까레루(つかれる) 힘들다, 지치다 **2G**　미즈(みず) 물　아게루(あげる) 주다 **2G**
카레루(かれる) 시들다 **2G**　렌라꾸(れんらく) 연락　심빠이다(しんぱいだ) 걱정이다

~나쿠떼(なくて)를 빈칸에 넣어서 직접 문장을 완성해봐!

❶ 사람이 부족해서 큰일입니다.

히또가 타리 [나쿠떼] 타이헨데스

ひとが たり [なくて] たいへんです。

[ひとが たりなくて たいへんです。]

ひと(히또) 사람
たりる(타리루) 충분하다 2G
たいへんだ(타이헨다) 큰일이다, 힘들다

❷ 손님이 오지 않아서 한가합니다.

오꺅상가 코 [　　] 히마데스

おきゃくさんが こ [　　] ひまです。

[　　　　　　　　　　　　　]

おきゃくさん(오꺅상) 손님
ひまだ(히마다) 한가하다

❸ 운동을 하지 않아서 살쪘습니다.

운도-오 시 [　　] 후또리마시따

うんどうを し [　　] ふとりました。

[　　　　　　　　　　　　　]

うんどう(운도-) 운동
する(스루) 하다 3G
ふとる(후또루) 살찌다 1G

❹ 아이가 별로 먹지 않아서 걱정입니다.

코도모가 아마리 타베 [　　] 심빠이데스

こどもが あまり たべ [　　] しんぱいです。

[　　　　　　　　　　　　　]

こども(코도모) 아이
あまり(아마리) 그다지, 별로
たべる(타베루) 먹다 2G
しんぱいだ(심빠이다) 걱정이다

❺ 지하철이 움직이지 않아서 늦었습니다.

치카테쯔가 우고까 [　　] 오꾸레마시따

ちかてつが うごか [　　] おくれました。

[　　　　　　　　　　　　　]

ちかてつ(치카테쯔) 지하철
うごく(우고꾸) 움직이다, 운행하다 1G
おくれる(오꾸레루) 늦다 2G

니지마데 이까나께레바 나리마셍

2시까지 가지 않으면 안 됩니다

패턴 086

동사의 나이(ない)형에 「~나께레바 나리마셍(なければ なりません)」이 붙으면 '~하지 않으면 안 됩니다, ~해야 합니다'라는 의무나 필요의 뜻이 돼. 「~나께레바 나라나이(なければ ならない)」는 반말체 표현인데, 간단하게 「~나꺄(なきゃ)」라고 말하는 경우도 있어.

| 니지마데
にじまで
2시까지 | 이까나께레바
いかなければ
가지 않으면 | 나리마셍
なりません
안 됩니다 |

다음 문장을 들으면서 그대로 따라해봐!

02 샤쬬-니　　　아와나께레바　　나리마셍　　　　사장님을 만나야 합니다.
　　 しゃちょうに　あわなければ　なりません。

03 파스포-토오　　미세나께레바　　나라나이　　　　여권을 보여줘야 한다.
　　 パスポートを　みせなければ　ならない。

04 스꼬시　　　　야세나꺄　　　　　　　　　　　　살 좀 빼야 해.
　　 すこし　　　やせなきゃ。

니지(にじ) 2시　**~마데**(まで) ~까지　**이꾸**(いく) 가다 **1G**　**샤쬬-**(しゃちょう) 사장님
~니 아우(に あう) ~를 만나다 **1G**　**파스포-토**(パスポート) 여권　**미세루**(みせる) 보여주다 **2G**
스꼬시(すこし) 좀, 약간　**야세루**(やせる) 살이 빠지다, 마르다 **2G**

~나께레바 나리마셍(なければ なりません)을 빈칸에 넣어서 직접 문장을 완성해봐!

🎧11

🎧06 **❶ 치과에서 이를 빼야 합니다.**

하이샤데 하오 누까 나께레바 나리마셍

はいしゃで　はを　ぬか なければ　なりません。

はいしゃで　はを　ぬかなければ　なりません。

- はいしゃ(하이샤) 치과
- は(하) 이, 치아
- ぬく(누꾸) 뽑다, 빼내다 **1G**

🎧07 **❷ 프린터의 토너를 사지 않으면 안 됩니다.**

푸린타-노 토나-오 카와

プリンターの　トナーを　かわ

- プリンター(푸린타-) 프린터
- トナー(토나-) 토너
- かう(카우) 사다 **1G**

🎧08 **❸ 음식물 쓰레기는 바로 버려야 합니다.**

나마고미와 스구니 스떼

なまごみは　すぐに　すて

- なまごみ(나마고미) 음식물 쓰레기
- すぐに(스구니) 바로, 즉시
- すてる(스떼루) 버리다 **2G**

🎧09 **❹ 10시까지 와야 합니다.**

쥬-지마데 코

じゅうじまで　こ

- じゅうじ(쥬-지) 10시
- ～まで(마데) ～까지
- くる(쿠루) 오다 **3G**

🎧10 **❺ 돈을 절약해야 해. (～なきゃ)**

오까네오 세쯔야꾸 시

おかねを　せつやく　し

- おかね(오까네) 돈
- せつやく(세쯔야꾸) 절약
- する(스루) 하다 **3G**

9 동사 나이형에 붙는 표현 225

한자는 일본어의 힘이야. 읽으면서 따라 써봐!

い 入れる [이레루] 넣다	入れる		う え 上 [우에] 위	うえ 上
うご 動く [우고꾸] 움직이다	うご 動く		きゃく お客さん [오꺅상] 손님	きゃく お客さん
おく 遅れる [오꾸레루] 늦다, 지각하다	おく 遅れる		き いろ 黄色い [키이로이] 노랗다, 노란	き いろ 黄色い
き 気にする [키니스루] 신경 쓰다	き 気にする		き 決める [키메루] 정하다, 결정하다	き 決める
こ ごと 小言 [코고또] 잔소리	こ ごと 小言		こま 困る [코마루] 곤란하다	こま 困る
さくひん 作品 [사꾸힝] 작품	さく ひん 作品		しゃちょう 社長 [샤쬬-] 사장님	しゃ ちょう 社長
しん 信じる [신지루] 믿다	しん 信じる		しんぱい 心配 [심빠이] 걱정	しん ぱい 心配
すわ 座る [스와루] 앉다	すわ 座る		そと 外 [소또] 밖	そと 外

한자는 일본어의 힘이야. 읽으면서 따라 써봐!

退院 [타이잉] 퇴원	退院		足りる [타리루] 충분하다	足りる	
止まる [토마루] 멎다, 그치다	止まる		名前 [나마에] 이름	名前	
生ごみ [나마고미] 음식물 쓰레기	生ごみ		歯医者 [하이샤] 치과	歯医者	
走る [하시루] 뛰다, 달리다	走る		話 [하나시] 이야기	話	
番号 [방고-] 번호	番号		一人 [히또리] 한 명	一人	
太る [후또루] 살찌다	太る		予約 [요야꾸] 예약	予約	
忘れる [와스레루] 잊다, 잊어버리다	忘れる		笑う [와라우] 웃다	笑う	

10 동사 테형에 붙는 표현
て

087
떼
て
~하고, ~해서

088
떼 쿠다사이
てください
~해 주세요

동사 테형+
て

089
떼 이마스
ています
~하고 있습니다

091
떼 오끼마스
ておきます
~해 둡니다

 **동사의 테(て)형**

동사를 '~하고, ~해서'와 같은 뜻으로 나타낼 때 동사에 테(て)를 붙이는데, 이것을 '동사의 테(て)형'이라고 해. 아래 표와 같이 동사의 종류에 따라 어미가 특별한 형태로 바뀌어. 조금 어렵지만 공식이라고 생각하고 외워봐~.

1그룹 동사 1G	끝이 쿠/구(く/ぐ)로 끝나는 동사의 て형은 이떼/이데(いて/いで)야. く/ぐ ➡ いて/いで	카꾸 か**く** 쓰다 오요구 およ**ぐ** 헤엄치다 ➡	카이떼 か**いて** 쓰고 오요이데 およ**いで** 헤엄치고
	cf. 예외 이꾸(いく)	이꾸 い**く** 가다 ➡	잇떼 い**って** 가고
	끝이 「우/쯔/루(う/つ/る)」로 끝나는 동사의 て형은 「웃떼(って)」야. う/つ/る ➡ って	아우 あ**う** 만나다 마쯔 ま**つ** 기다리다 ➡ 후루 ふ**る** 내리다	앗떼 あ**って** 만나고 맛떼 ま**って** 기다리고 훗떼 ふ**って** 내리고
	끝이 「누/부/무(ぬ/ぶ/む)」로 끝나는 동사의 て형은 「은데(んで)」야. ぬ/ぶ/む ➡ んで	시누 し**ぬ** 죽다 아소부 あそ**ぶ** 놀다 ➡ 노무 の**む** 마시다	신데 し**んで** 죽고 아손데 あそ**んで** 놀고 논데 の**んで** 마시고
	끝이 「스(す)」로 끝나는 동사의 て형은 「시떼(して)」야. す ➡ して	하나스 はな**す** 이야기하다 ➡	하나시떼 はな**して** 이야기하고
2그룹 동사 2G	끝의 「루(る)」를 빼고 「떼(て)」를 붙여. る ➡ +て	미루 み**る** 보다 타베루 たべ**る** 먹다 ➡	미떼 み**て** 보고 타베떼 たべ**て** 먹고
3그룹 동사 3G	불규칙하게 변하니까 그냥 외우자.	쿠루 **くる** 오다 ➡ 스루 **する** 하다 ➡	키떼 **きて** 오고 시떼 **して** 하고

~떼/데(て/で)의 앞부분이 '동사의 테(て)형'이야!

나의 하루 일과야. 보기 와 같이 동사를 「~테(て)」의 형태로 바꿔봐!

▶정답은 p. 280

갓 꼬 ― 니 이꾸
がっこうに いく 학교에 가다
→ _____ 가고

보기
벵 꾜 ― 스루
べんきょうする 공부하다
→ 벵 꾜 ― 시 떼
べんきょう **して** 공부하고

타 베 루
たべる 먹다
→ _____ 먹고

오 끼루
おきる 일어나다
→ _____ 일어나고

하오 미가꾸
はを みがく 이를 닦다
→ _____ 닦고

홍 오 요무
ほんを よむ 책을 읽다
→ _____ 읽고

운 도 ― 스루
うんどうする 운동하다
→ 운 도 ―
うんどう _____ 운동하고

이누또 아소부
いぬと あそぶ 개와 놀다
→ _____ 놀고

하오 미가이떼 네마스

이를 닦고 잡니다

동사의 테(て)형에 「~떼(て)」를 붙이면 '~하고, ~해서'라는 뜻이 돼. 동사에 연결해서 쓰는데, て형으로 끝나서 반말체가 되면 부드러운 부탁이나 명령이 되기도 해.

대표문장 01

하오	미가이떼	네마스
はを	みがいて	ねます
이를	닦고	잡니다

다음 문장을 들으면서 그대로 따라해봐!

02 **쿠스리오   논데   야스미마스**
   くすりを   のんで   やすみます。
   약을 먹고 쉽니다.

03 **뮤-지카루오   미떼   나끼마시따**
   ミュージカルを みて   なきました。
   뮤지컬을 보고 울었습니다.

04 **아루바이토오   시떼   츠까레마스**
   アルバイトを   して   つかれます。
   아르바이트를 해서 피곤합니다.

05 하(は) 이, 치아   미가꾸(みがく) 닦다 1G   네루(ねる) 자다 2G   쿠스리오 노무(くすりを のむ) 약을 먹다 1G
   야스무(やすむ) 쉬다 1G   뮤-지카루(ミュージカル) 뮤지컬   미루(みる) 보다 2G   나꾸(なく) 울다 1G
   아루바이토(アルバイト) 아르바이트   스루(する) 하다 3G   츠까레루(つかれる) 힘들다, 피곤하다 2G

~떼/데(て/で)를 빈칸에 넣어서 직접 문장을 완성해봐!

① 선생님을 만나서 상담했습니다.

센세-니 앗 **떼** 소-단시마시따

せんせいに あっ **て** そうだんしました。

せんせいに あって そうだんしました。

- せんせい(센세-) 선생님
- ～に あう(니 아우) ~를 만나다 **1G**
- そうだんする(소-단스루) 상담하다 **3G**

② 10시에 자고 6시에 일어납니다.

쥬-지니 네 ☐ 로꾸지니 오끼마스

じゅうじに ね ☐ ろくじに おきます。

- じゅうじ(쥬-지) 10시
- ねる(네루) 자다 **2G**
- ろくじ(로꾸지) 6시
- おきる(오끼루) 일어나다 **2G**

③ 백화점에 가서 쇼핑을 합니다.

데파-토니 잇 ☐ 카이모노오 시마스

デパートに いっ ☐ かいものを します。

- デパート(데파-토) 백화점
- いく(이꾸) 가다 **1G**
- かいもの(카이모노) 쇼핑, 장보기
- する(스루) 하다 **3G**

④ 감기에 걸려서 병원에 갔습니다.

카제오 히이 ☐ 뵤-인니 이끼마시따

かぜを ひい ☐ びょういんに いきました。

- かぜを ひく(카제오 히꾸) 감기에 걸리다 **1G**
- びょういん(뵤-잉) 병원

⑤ 잠깐 기다려!

촛또 맛 ☐

ちょっと まっ ☐

- ちょっと(촛또) 좀, 잠깐
- まつ(마쯔) 기다리다 **1G**

패턴 088

테오 아랏떼 쿠다사이

손을 씻어 주세요

동사의 테(て)형에 「~떼 쿠다사이(て ください)」가 붙으면 '~해 주세요, ~하세요'라는 뜻이 돼. 부탁의 뜻이지만 손윗사람에게 쓰면 명령의 뉘앙스가 되니까 조심해야 돼.

대표 문장 01

테오	아랏떼	쿠다사이
てを	あらって	ください
손을	씻어	주세요

다음 문장을 들으면서 그대로 따라해봐!

02 **나마에오   카이떼   쿠다사이**
　なまえを　かいて　ください。   이름을 써 주세요.

03 **마도오   아케떼   쿠다사이**
　まどを　あけて　ください。   창문을 열어 주세요.

04 **제히   우찌니   키떼   쿠다사이**
　ぜひ　うちに　きて　ください。   꼭 우리 집에 오세요.

05 테(て) 손　아라우(あらう) 씻다 `1G`　나마에(なまえ) 이름　카꾸(かく) 쓰다 `1G`　마도(まど) 창문
아께루(あける) 열다 `2G`　제히(ぜひ) 꼭, 반드시　우찌(うち) 우리 집　쿠루(くる) 오다 `3G`

~떼/데 쿠다사이(て/で ください)를 빈칸에 넣어서 직접 문장을 완성해봐!

🎧11

🎧06 ❶ 좀 도와주세요.

촛또 테쯔닷 [떼 쿠다사이]
ちょっと てつだっ [て ください。]
[ちょっと てつだって ください。]

ちょっと(촛또) 좀, 잠깐
てつだう(테쯔다우) 돕다 1G

🎧07 ❷ 천천히 말해 주세요.

윳꾸리 하나시 [　　]
ゆっくり はなし [　　]
[　　]

ゆっくり(윳꾸리) 천천히
はなす(하나스) 말하다 1G

🎧08 ❸ 에어컨을 켜 주세요.

에아콩오 츠케 [　　]
エアコンを つけ [　　]
[　　]

エアコン(에아콩) 에어컨
つける(츠께루) 켜다 2G

🎧09 ❹ 추우니까 목욕하세요.

사무이까라 오후로니 하잇 [　　]
さむいから おふろに はいっ [　　]
[　　]

さむい(사무이) 춥다
~から(까라) ~하니까〈이유〉
おふろに はいる(오후로니 하이루) 목욕하다 1G

🎧10 ❺ 꼭 참석해 주세요.

카나라즈 슛세끼 시 [　　]
かならず しゅっせき し [　　]
[　　]

かならず(카나라즈) 꼭, 반드시
しゅっせき(슛세끼) 출석, 참석
する(스루) 하다 3G

10 동사 테형에 붙는 표현 235

패턴 089

니홍고오 벵꾜-시떼 이마스

일본어를 공부하고 있습니다

강의보기
음성듣기

동사의 테(て)형에 「~떼 이마스(て います)」가 붙으면 '~하고 있습니다'라는 현재 진행을 나타내는 표현이 돼.

대표문장 01

니홍고오	벵꾜-시떼	이마스
に ほん ご を	べんきょう し て	い ま す
일본어를	공부하고	있습니다

다음 문장을 들으면서 그대로 따라해봐!

02 **아카쨩가 나이떼 이마스**
あかちゃんが ないて います。
아기가 울고 있습니다.

03 **심붕오 욘데 이마스**
しんぶんを よんで います。
신문을 읽고 있습니다.

04 **유-츄-부오 미떼 이마스**
ユーチューブを みて います。
유튜브를 보고 있습니다.

05 WORD

니홍고(にほんご) 일본어　벵꾜-스루(べんきょうする) 공부하다 3G　아카쨩(あかちゃん) 아기
나꾸(なく) 울다 1G　심붕(しんぶん) 신문　요무(よむ) 읽다 1G　유-츄-부(ユーチューブ) 유튜브
미루(みる) 보다 2G

~떼/데 이마스(て/で います)를 빈칸에 넣어서 직접 문장을 완성해봐!

🎧11

🎧06 ❶ 공항에서 일하고 있습니다.

쿠-꼬-데 하따라이 [떼 이마스]

くうこうで はたらい [て] います。

くうこうで はたらいて います。

くうこう(쿠-꼬-) 공항
はたらく(하따라꾸) 일하다 1G

🎧07 ❷ 학원에 다니고 있습니다.

쥬꾸니 카욧 [　　]

じゅくに かよっ [　　]

[　　]

じゅく(쥬꾸) (영어, 수학 등의) 학원
かよう(카요우) 다니다 1G

🎧08 ❸ 춤을 배우고 있습니다.

단스오 나랏 [　　]

ダンスを ならっ [　　]

[　　]

ダンス(단스) 댄스, 춤
ならう(나라우) 배우다 1G

🎧09 ❹ 친구에게 전화를 걸고 있습니다.

토모다찌니 뎅와오 카케 [　　]

ともだちに でんわを かけ [　　]

[　　]

ともだち(토모다찌) 친구
でんわ(뎅와) 전화
かける(카께루) (전화를) 걸다 2G

🎧10 ❺ 택배를 기다리고 있습니다.

타꾸하이오 맛 [　　]

たくはいを まっ [　　]

[　　]

たくはい(타꾸하이) 택배
まつ(마쯔) 기다리다 1G

10 동사 테형에 붙는 표현 237

요야꾸오 시테까라 이끼마스

예약을 하고 나서 갑니다

동사의 테(て)형에 「~테까라(てから)」가 붙으면 '~하고 나서, ~한 후에'라는 의미가 돼. 앞의 행동을 한 후에 뒤의 행동을 한다는 뜻이야.

대표문장 01

요야꾸오	시테까라	이끼마스
よやくを	してから	いきます
예약을	하고 나서	갑니다

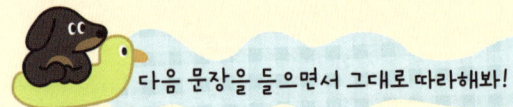

02 **테오** **아랏테까라** **타베떼네**   손을 씻고 나서 먹어라.
    てを   あらってから たべてね。

03 **사또-오** **이레테까라** **마제마스**   설탕을 넣은 후에 섞습니다.
    さとうを いれてから まぜます。

04 **레포-토오** **카이테까라** **야스미마스**   리포트를 쓰고 나서 쉽니다.
    レポートを かいてから やすみます。

05 요야꾸(よやく) 예약 　 스루(する) 하다 3G 　 이꾸(いく) 가다 1G 　 테(て) 손 　 아라우(あらう) 씻다 1G
타베루(たべる) 먹다 2G 　 사또-(さとう) 설탕 　 이레루(いれる) 넣다 2G 　 마제루(まぜる) 섞다 2G
레포-토(レポート) 리포트 　 카꾸(かく) 쓰다 1G 　 야스무(やすむ) 쉬다 1G

~테까라/데까라(てから/でから)를 빈칸에 넣어서 직접 문장을 완성해봐!

🎧11

🎧06 ❶ 조금 생각한 후에 결정하겠습니다.

　　스꼬시 캉가에 [테까라] 키메마스
　　すこし　かんがえ [てから]　きめます。
　　[すこし　かんがえてから　きめます。]

すこし(스꼬시) 조금, 약간
かんがえる(캉가에루) 생각하다 2G
きめる(키메루) 결정하다 2G

🎧07 ❷ 샤워를 하고 나서 맥주를 마신다.

　　샤와-오 아비 [　　] 비-루오 노무
　　シャワーを　あび [　　]　ビールを　のむ。
　　[　　　　　　　　　　　　　　　　　　]

シャワーを あびる(샤와-오 아비루) 샤워를 하다 2G
ビール(비-루) 비어, 맥주
のむ(노무) 마시다 1G

🎧08 ❸ 기름을 두르고 나서 볶습니다.

　　아부라오 히이 [　　] 이따메마스
　　あぶらを　ひい [　　]　いためます。
　　[　　　　　　　　　　　　　　　　　　]

あぶら(아부라) 기름
ひく(히꾸) 두르다 1G
いためる(이따메루) 볶다 2G

🎧09 ❹ 전자레인지에 데운 후에 드세요.

　　렌지데 칭시 [　　] 타베떼 쿠다사이
　　レンジで　チンし [　　]　たべて　ください。
　　[　　　　　　　　　　　　　　　　　　]

レンジ(렌지) 전자레인지
チンする(칭스루) (전자레인지에) 데우다 3G
たべる(다베루) 먹다 2G

🎧10 ❺ 책을 읽고 나서 리뷰를 씁니다.

　　홍오 욘 [　　] 레뷰-오 카끼마스
　　ほんを　よん [　　]　レビューを　かきます。
　　[　　　　　　　　　　　　　　　　　　]

ほん(홍) 책
よむ(요무) 읽다 1G
レビュー(레뷰-) 리뷰, 서평
かく(카꾸) 쓰다 1G

도아오 아케떼 오끼마스

패턴 091

문을 열어 둡니다

강의보기
음성듣기

동사의 테(て)형에 「~떼 오끼마스(て おきます)」가 붙으면 '~해 둡니다'라는 뜻이 돼. 어떤 목적을 위해 미리 준비해 둔다는 의미와 그대로 방치해 둔다는 2가지 의미가 있어.

대표문장 ▶01

도아오	아케떼	오끼마스
ドアを	あけて	おきます
문을	열어	둡니다

다음 문장을 들으면서 그대로 따라해봐!

▶02 **비-루오** **히야시떼** **오끼마스**   맥주를 차게 **해 둡니다**.
ビールを　ひやして　おきます。

▶03 **오까네오** **타메떼** **오끼마스**   돈을 모아 **둡니다**.
おかねを　ためて　おきます。

▶04 **뎅와데** **요야꾸시떼** **오끼마스**   전화로 예약**해 둡니다**.
でんわで　よやくして　おきます。

▶05 WORD
도아(ドア) 문　아께루(あける) 열다 2G　비-루(ビール) 맥주　히야스(ひやす) 차게 하다, 식히다 1G
오까네(おかね) 돈　타메루(ためる) 모으다, 저축하다 2G　뎅와(でんわ) 전화
요야꾸스루(よやくする) 예약하다 3G

~떼/데 오끼마스(て/で おきます)를 빈칸에 넣어서 직접 문장을 완성해봐!

① 도시락을 만들어 둡니다.

오벤또-오 츠쿳 　떼 오끼마스

おべんとうを　つくっ　て　おきます。

おべんとうを　つくって　おきます。

おべんとう(오벤또-) 도시락

つくる(츠꾸루) 만들다 1G

② 멀미약을 먹어 둡니다.

요이도메오 논

よいどめを　のん

よいどめ(요이도메) 멀미약

のむ(노무) (약을) 먹다 1G

③ 방을 정리해 둡니다.

헤야오 카따즈케

へやを　かたづけ

へや(헤야) 방

かたづける(카따즈께루) 정리하다 2G

④ 호텔의 주소를 찾아 둡니다.

호테루노 쥬-쇼오 시라베

ホテルの　じゅうしょを　しらべ

ホテル(호테루) 호텔

じゅうしょ(쥬-쇼) 주소

しらべる(시라베루) 찾다, 조사하다 2G

⑤ 화면을 캡처해 둡니다.

가멩오 스쿠쇼 시

がめんを　スクショ　し

がめん(가멩) 화면

スクショ(스쿠쇼) 스크린샷, 캡처

〈スクリーン ショット(screen shot)의 준말〉

する(스루) 하다 3G

바자-니 잇떼 미마스
바자회에 가 봅니다

「미루(みる)」가 '보다'라는 뜻인지는 다 알지? 동사의 테(て)형에 「~떼 미마스(て みます)」를 붙이면 '~해 봅니다, ~해 보겠습니다'라는 시도의 의미가 돼.

대표 문장 01

바자-니	잇떼	미마스
バザーに	いって	みます
바자회에	가	봅니다

다음 문장을 들으면서 그대로 따라해봐!

02
우케츠께니 키이떼 미마스
うけつけに きいて みます。
접수처에 물어 보겠습니다.

03
모- 스꼬시 캉가에떼 미마스
もう すこし かんがえて みます。
좀 더 생각해 보겠습니다.

04
후꾸오 시챠꾸시떼 미마스
ふくを しちゃくして みます。
옷을 입어 봅니다.

05
바자-(バザー) 바자회 **이꾸(いく)** 가다 `1G` **우케츠께(うけつけ)** 접수(처) **키꾸(きく)** 묻다 `1G`
모- 스꼬시(もう すこし) 좀 더 **캉가에루(かんがえる)** 생각하다 `2G` **후꾸(ふく)** 옷
시챠꾸스루(しちゃくする) 옷을 입어 보다, 시착하다 `3G`

~떼/데 미마스(て/で みます)를 빈칸에 넣어서 직접 문장을 완성해봐!

🎧11

🎧06 ❶ 레시피를 찾아 봅니다.

레시피오 시라베 [떼 미마스]
レシピを しらべ [て みます]。
レシピを しらべて みます。

レシピ(레시피) 레시피
しらべる(시라베루) 찾다, 조사하다 2G

🎧07 ❷ 화제의 카페에 가 봅니다.

와다이노 카훼니 잇
わだいの カフェに いっ

わだい(와다이) 화제
カフェ(카훼) 카페
いく(이꾸) 가다 1G

🎧08 ❸ 새 이어폰을 써 봅니다.

아따라시- 이야홍오 츠캇
あたらしい イヤホンを つかっ

あたらしい(아따라시-) 새롭다
イヤホン(이야홍) 이어폰
つかう(츠까우) 쓰다, 사용하다 1G

🎧09 ❹ 헤어 스타일을 바꿔 봅니다.

카미가따오 카에
かみがたを かえ

かみがた(카미가따) 헤어 스타일
かえる(카에루) 바꾸다 2G

🎧10 ❺ 모르는 것을 질문해 봅니다.

와까라나이 코또오 시쯔몬 시
わからない ことを しつもん し

わかる(와까루) 알다 1G
こと(코또) 것
しつもんする(시쯔몬스루) 질문하다 3G

패턴 093

사이후오 오또시떼 시마이마시따

지갑을 잃어 버렸습니다

동사의 테(て)형에 「~떼 시마우(て しまう)」를 붙이면 '~해 버리다'라는 뜻이 돼. 「~떼 시마이마시따(て しまいました) ~해 버렸습니다」라고 정중형 과거로 많이 쓰는데 어떤 일이 완전히 끝났을 때, 그리고 의도하지 않은 일이 일어나 유감스럽거나 안타까운 마음이 들 때 써.

대표문장 01

사이후오	오또시떼	시마이마시따
さいふを	おとして	しまいました
지갑을	잃어	버렸습니다

다음 문장을 들으면서 그대로 따라해봐!

02 미찌니 마욧떼 시마이마시따 길을 잃어 버렸습니다.
　　 みちに まよって しまいました。

03 카기오 나꾸시떼 시마이마시따 열쇠를 잃어 버렸습니다.
　　 かぎを なくして しまいました。

04 덴샤가 잇떼 시마이마시따 전철이 가 버렸습니다.
　　 でんしゃが いって しまいました。

05 사이후(さいふ) 지갑　오또스(おとす) 잃다, 분실하다 1G　미찌(みち) 길　마요우(まよう) (길을) 잃다, 헤매다 1G
　　 카기(かぎ) 열쇠　나꾸스(なくす) 잃다, 분실하다 1G　덴샤(でんしゃ) 전철　이꾸(いく) 가다, 떠나다 1G

~떼/데 시마이마시따(て/でしまいました)를 빈칸에 넣어서 직접 문장을 완성해봐!

🎧11

🎧06 **①** 비밀을 말해 버렸습니다.

히미쯔오 하나시 떼 시마이마시따

ひみつを はなし て しまいました。

ひみつを はなして しまいました。

ひみつ(히미쯔) 비밀

はなす(하나스) 말하다 **1G**

🎧07 **②** 회사를 그만둬 버렸습니다.

카이샤오 야메

かいしゃを やめ

かいしゃ(카이샤) 회사

やめる(야메루) 그만두다 **2G**

🎧08 **③** 고기가 타 버렸습니다.

니꾸가 코게

にくが こげ

にく(니꾸) 고기

こげる(코게루) (불에) 타다 **2G**

🎧09 **④** 술에 몹시 취해 버렸습니다.

오사께니 욧빠랏

おさけに よっぱらっ

おさけ(오사께) 술

よっぱらう(욧빠라우)
몹시 취하다 **1G**

🎧10 **⑤** 와인을 전부 마셔 버렸습니다.

와잉오 젬부 논

ワインを ぜんぶ のん

ワイン(와잉) 와인

ぜんぶ(젬부) 전부, 모두

のむ(노무) 마시다 **1G**

패턴 094

샤싱오 톳떼모 이-데스까

사진을 찍어도 됩니까?

강의보기
음성듣기

동사의 테(て)형에 「~떼모 이-(ても いい)」를 붙이면 '~해도 된다, ~해도 좋다'라는 뜻이 돼. 허가를 나타내는 표현인데, 「~해도 됩니까?(~떼모 이-데스까)」라고 질문을 하면 허락을 구하는 표현이 돼.

대표 문장 01

| 샤싱오
しゃしんを
사진을 | 톳떼모
とっても
찍어도 | 이-데스까
いいですか
됩니까? |

---

02 타바코오   슷떼모   이-데스까
タバコを   すっても   いいですか。
담배를 피워도 됩니까?

03 아루바무오   미떼모   이-데스요
アルバムを   みても   いいですよ。
앨범을 봐도 돼요.

04 코꼬니   쿠루마오   토메떼모   이-요
ここに   くるまを   とめても   いいよ。
여기에 차를 대도 돼.

WORD

샤싱(しゃしん) 사진   토루(とる) 찍다 **1G**   타바코(タバコ) 담배   스우(すう) 피우다 **1G**
아루바무(アルバム) 앨범   미루(みる) 보다 **2G**   쿠루마(くるま) 차   토메루(とめる) 세우다, 대다 **2G**

~떼모 이-/이-데스(ても いい/いいです)를 빈칸에 넣어서 직접 문장을 완성해봐!

🎧11

🎧06 ① 경로석에 앉아도 됩니다.

시루바-시-토니 스왓 [떼모 이-데스]

シルバーシートに すわっ [ても いいです。]

シルバーシートに すわっても いいです。

シルバーシート(시루바-시-토) 실버시트, 경로석

すわる(스와루) 앉다 1G

🎧07 ② 휴게소에 들러도 됩니까?

사-비스에리아니 욧 [　　　　] **까**

サービスエリアに よっ [　　　] か。

[　　　　　　　　　　]

サービスエリア(사-비스에리아) (고속도로) 휴게소

よる(요루) 들르다 1G

🎧08 ③ 텔레비전을 꺼도 됩니까?

테레비오 케시 [　　　　] **까**

テレビを けし [　　　　] か。

[　　　　　　　　　　]

テレビ(테레비) 텔레비전

けす(케스) 끄다 1G

🎧09 ④ 소금을 약간 넣어도 됩니다.

시오오 스꼬시 이레 [　　　]

しおを すこし いれ [　　　]

[　　　　　　　　　　]

しお(시오) 소금

すこし(스꼬시) 조금, 약간

いれる(이레루) 넣다 2G

🎧10 ⑤ 레몬 대신에 식초를 사용해도 된다.

레몬노 카와리니 오스오 츠캇 [　　]

レモンの かわりに おすを つかっ [　　]

[　　　　　　　　　　]

レモン(레몽) 레몬

~かわりに(카와리니) ~대신에

おす(오스) 식초

つかう(츠까우) 사용하다 1G

샤싱오 톳떼와 이께마셍

사진을 찍어서는 안 됩니다

동사의 테(て)형에 「~떼와 이께마셍(ては いけません)」을 붙이면 '~해서는 안 됩니다, ~하면 안 됩니다'라는 금지 표현이 돼. 「~떼와 이께나이(ては いけない)」는 '~하면 안 된다'라는 반말 표현이야.

대표 문장 01

| 샤싱오
しゃしんを
사진을 | 톳떼와
とっては
찍어서는 | 이께마셍
いけません
안 됩니다 |

다음 문장을 들으면서 그대로 따라해봐!

02 **칸딴니** **아끼라메떼와** **이께마셍** 쉽게 포기해서는 안 됩니다.
　　かんたんに　あきらめては　いけません。

03 **무리오** **시떼와** **이께마셍** 무리를 해서는 안 됩니다.
　　むりを　　しては　　いけません。

04 **로-까오** **하싯떼와** **이께나이** 복도를 뛰어서는 안 된다.
　　ろうかを　　はしっては　　いけない。

05 칸딴니(かんたんに) 간단히, 쉽게　아끼라메루(あきらめる) 포기하다 2G　무리(むり) 무리　스루(する) 하다 3G
로-까(ろうか) 복도　하시루(はしる) 뛰다, 달리다 1G

~떼와 이께나이/이께마셍(てはいけない/いけません)을 빈칸에 넣어서 직접 문장을 완성해봐!

① 여기서 담배를 피워서는 안 됩니다.

코꼬데 타바코오 슷 [떼와 이께마셍]
ここで タバコを すっ [ては いけません]。
ここで タバコを すっては いけません。

ここ(코꼬) 여기, 이곳
タバコ(타바코) 담배
すう(스우) 피우다 1G

② 학교를 땡땡이 쳐서는 안 됩니다.

갓꼬-오 사봇 [　　　]
がっこうを サボっ [　　　]
[　　　]

がっこう(갓꼬-) 학교
サボる(사보루) 땡땡이 치다 1G

③ 간장을 넣어서는 안 됩니다.

쇼-유오 이레 [　　　]
しょうゆを いれ [　　　]
[　　　]

しょうゆ(쇼-유) 간장
いれる(이레루) 넣다 2G

④ 함부로 만지면 안 된다.

캇떼니 사왓 [　　　]
かってに さわっ [　　　]
[　　　]

かってに(캇떼니) 함부로, 마음대로
さわる(사와루) 만지다 1G

⑤ 운전 중에 졸면 안 된다.

운텐쮸-니 이네무리 시 [　　　]
うんてんちゅうに いねむり し [　　　]
[　　　]

うんてんちゅう(운텐쮸-) 운전 중
いねむり(이네무리) 앉아서 졺
する(스루) 하다 3G

> 한자는 일본어의 힘이야. 읽으면서 따라 써봐!

한자	따라쓰기		한자	따라쓰기
あか 赤ちゃん [아카짱] 아기	あか 赤ちゃん		あぶら 油 [아부라] 기름	あぶら 油
お 落とす [오또스] 잃다, 분실하다	お 落とす		かた 片づける [카따즈께루] 정리하다	かた 片づける
かなら 必ず [카나라즈] 꼭, 반드시	かなら 必ず		かよ 通う [카요우] 다니다, 왕래하다	かよ 通う
か 代わり [카와리] 대신	か 代わり		くうこう 空港 [쿠-꼬-] 공항	くう こう 空港
くすり 薬 [쿠스리] 약	くすり 薬		け 消す [케스] 끄다	け 消す
し ちゃく 試着 [시챠꾸] 시착, 입어 봄	し ちゃく 試着		じゅうしょ 住所 [쥬-쇼] 주소	じゅう しょ 住所

한자는 일본어의 힘이야. 읽으면서 따라 써봐!

出席 [슛세끼] 출석, 참석	しゅっせき 出席		調べる [시라베루] 찾다, 조사하다	しら 調べる	
相談 [소-당] 상담	そう だん 相談		宅配 [타꾸하이] 택배	たく はい 宅配	
疲れる [츠까레루] 힘들다, 피곤하다	つか 疲れる		働く [하따라꾸] 일하다	はたら 働く	
冷やす [히야스] 식히다, 차게 하다	ひ 冷やす		病院 [뵤-잉] 병원	びょう いん 病院	
迷う [마요우] 헤매다	まよ 迷う		無理 [무리] 무리	む り 無理	
よい止め [요이도메] 멀미약	ど よい止め		話題 [와다이] 화제	わ だい 話題	

11 동사 た형에 붙는 표현

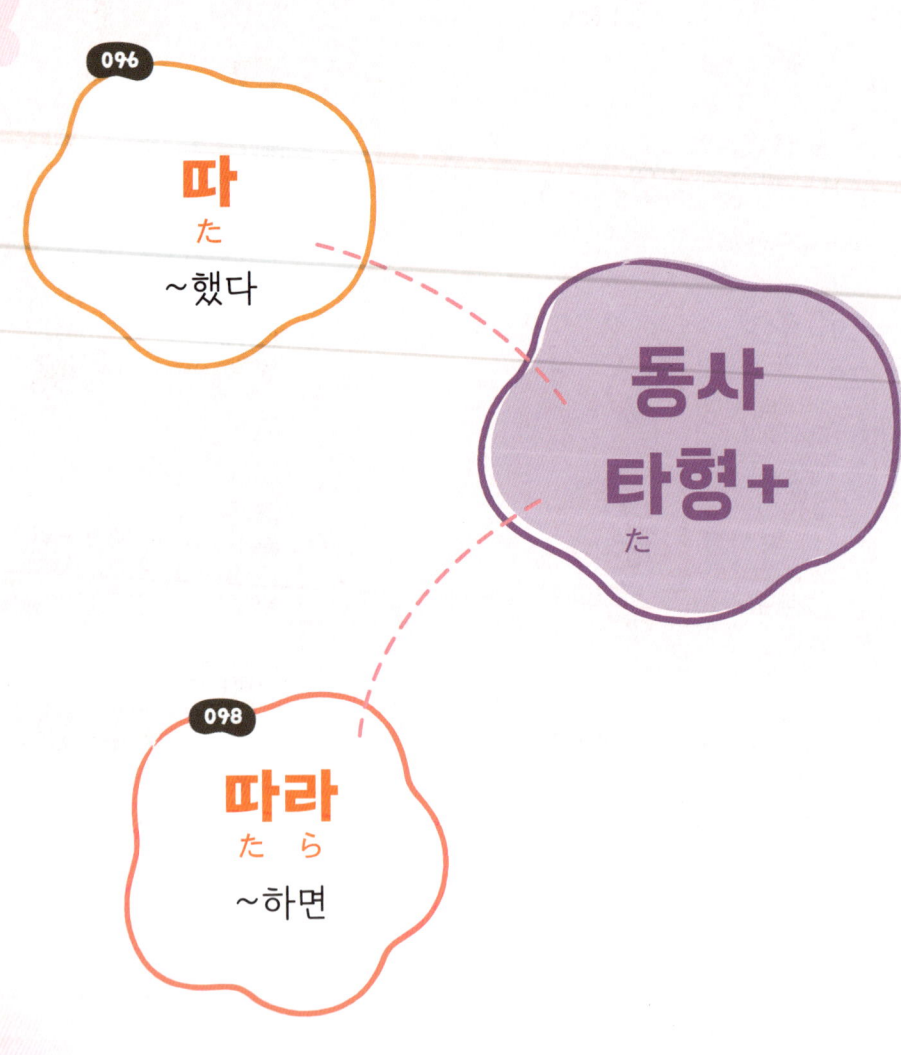

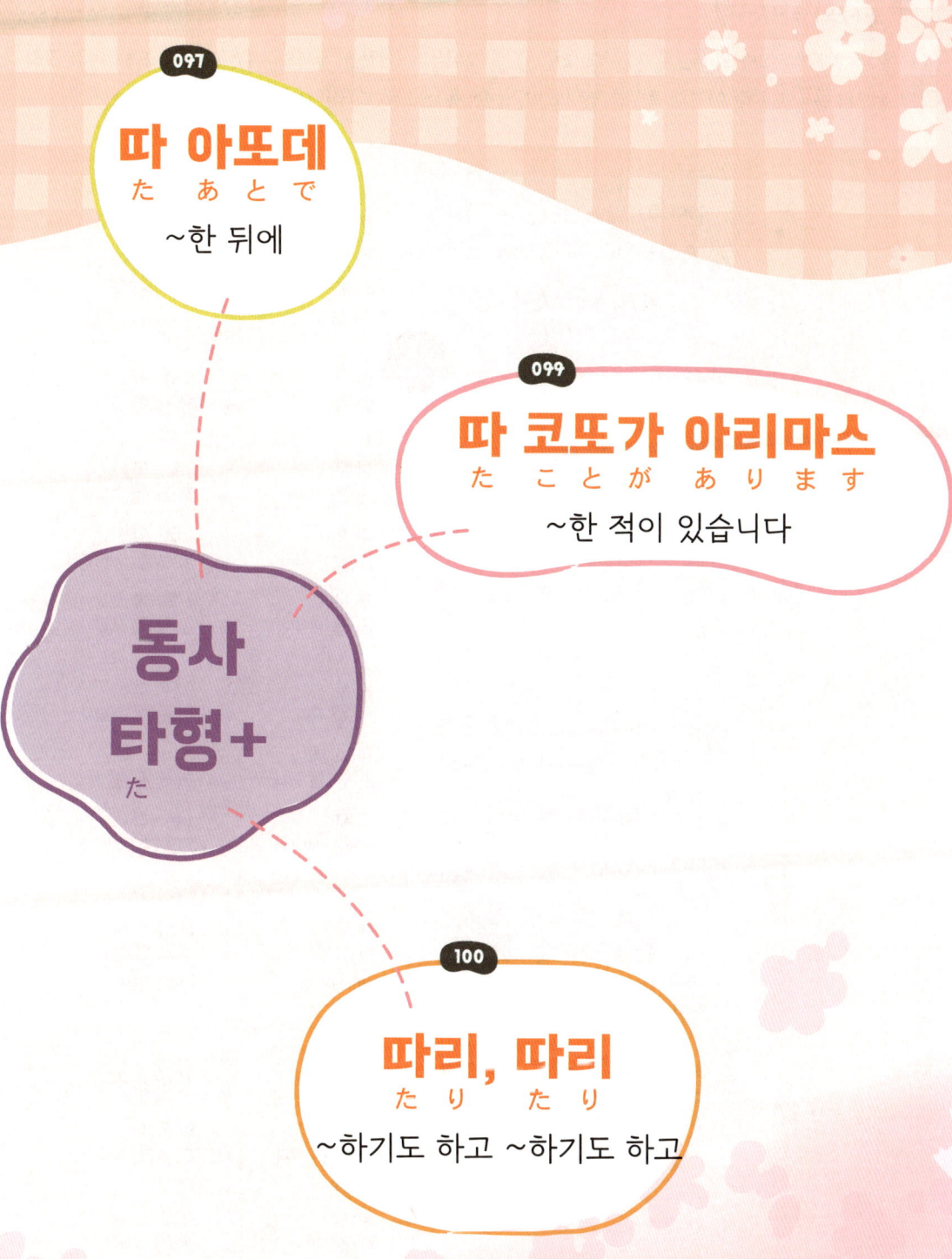

 **동사의 타(た)형**

동사를 '~했다'라는 과거의 뜻으로 만들 때 「타(た)」를 붙이는데, 이것을 '동사의 타(た)형'이라고 해. 아래 표와 같이 동사의 종류에 따라 어미가 특별한 형태로 바뀌는데 동사의 테(て)형과 동일해.

1그룹 동사 1G

끝이 쿠/구(く/ぐ)로 끝나는 동사의 た형은 이따/이다(いた/いだ)야.

く/ぐ ➡ いた/いだ

| 카꾸 かく 쓰다 | ➡ | 카이따 かいた 썼다 |
| 오요구 およぐ 헤엄치다 | ➡ | 오요이다 およいだ 헤엄쳤다 |

cf. 예외 이꾸(いく)

| 이꾸 いく 가다 | ➡ | 잇따 いった 갔다 |

끝이 우/쯔/루(う/つ/る)로 끝나는 동사의 た형은 웃따(った)야.

う/つ/る ➡ った

아우 あう 만나다	➡	앗따 あった 만났다
마쯔 まつ 기다리다	➡	맛따 まった 기다렸다
후루 ふる 내리다	➡	훗따 ふった 내렸다

끝이 누/부/무(ぬ/ぶ/む)로 끝나는 동사의 た형은 은다(んだ)야.

ぬ/ぶ/む ➡ んだ

시누 しぬ 죽다	➡	신다 しんだ 죽었다
아소부 あそぶ 놀다	➡	아손다 あそんだ 놀았다
노무 のむ 마시다	➡	논다 のんだ 마셨다

끝이 스(す)로 끝나는 동사의 た형은 시따(した)야.

す ➡ した

| 하나스 はなす 이야기하다 | ➡ | 하나시따 はなした 이야기했다 |

2그룹 동사 2G

끝의 「루(る)」를 빼고 「따(た)」를 붙여.

る ➡ +た

| 미루 みる 보다 | ➡ | 미따 みた 보았다 |
| 타베루 たべる 먹다 | ➡ | 타베따 たべた 먹었다 |

3그룹 동사 3G

불규칙하게 변하니까 그냥 외우자.

| 쿠루 くる 오다 | ➡ | 키따 きた 왔다 |
| 스루 する 하다 | ➡ | 시따 した 했다 |

~따/다(た/だ)의 앞부분이 '동사의 타(た)형'이야!

게임판을 따라가며 보기 와 같이 빈 말판에 동사를 「~따(た)」의 형태로 바꿔봐!

▶정답은 p. 280

운 도ー 스루
うんどうする
운동하다

운동했다

홍 오 요무
ほんを よむ
책을 읽다

읽었다

불렀다

우따오 우따우
うたを うたう
노래를 부르다

수영했다

푸ー루 데 오요구
プールで およぐ
수영장에서 수영하다

마셨다

코ー히ー오 노무
コーヒーを のむ
커피를 마시다

옹 가꾸오 키꾸
おんがくを きく
음악을 듣다

보기
키이따
きいた
들었다

라ー멩 오 타베루
ラーメンを たべる
라면을 먹다

먹었다

동사 타형에 붙는 표현 255

패턴 096

나마에오 카이따
이름을 썼다

▶ 강의보기
🔊 음성듣기

「동사의 타(た)형」에 「~따(た)」를 붙이면 '~했다'라는 과거 또는 완료의 뜻이 돼. **패턴 032** 에서 나온 「~마시따(ました) ~했어요」의 반말 형태라고 생각하면 돼.

대표 문장 01

나마에오	카이따
なまえを	かいた
이름을	썼다

다음 문장을 들으면서 그대로 따라해봐!

02 사-쿠루노　토모다찌니　앗따 동아리 친구를 만났다.
　　サークルの　ともだちに　あった。

03 와다이노　에-가오　미따 화제의 영화를 보았다.
　　わだいの　えいがを　みた。

04 마이니찌　아루바이토오　시따 매일 아르바이트를 했다.
　　まいにち　アルバイトを　した。

05 WORD
나마에(なまえ) 이름　카꾸(かく) 쓰다 **1G**　사-쿠루(サークル) 서클, 동아리　토모다찌(ともだち) 친구
~니 아우(に あう) ~를 만나다 **1G**　와다이(わだい) 화제　에-가(えいが) 영화　미루(みる) 보다 **2G**
마이니찌(まいにち) 매일　아루바이토(アルバイト) 아르바이트　스루(する) 하다 **3G**

~따/다(た/だ)를 빈칸에 넣어서 직접 문장을 완성해봐!

① 봄이 와서 벚꽃이 피었다.

하루가 키떼 사꾸라가 사이 [따]

はるが きて さくらが さい [た。]

はるが きて さくらが さいた。

はる(하루) 봄
くる(쿠루) 오다 **3G**
さくら(사꾸라) 벚꽃
さく(사꾸) (꽃이) 피다 **1G**

② 오늘 '어린 왕자'를 읽었다.

쿄- 「호시노 오-지사마」오 욘 [　]

きょう 「ほしの おうじさま」を よん [　]

[　]

きょう(쿄-) 오늘
ほし(호시) 별
おうじさま(오-지사마) 왕자님
よむ(요무) 읽다 **1G**

③ 여행 갈 곳을 정했다.

료꼬-사끼오 키메 [　]

りょこうさきを きめ [　]

[　]

りょこうさき(료꼬-사끼) 여행 갈 곳
きめる(키메루) 정하다 **2G**

④ 어제부터 다이어트를 시작했다.

키노-까라 다이엣토오 하지메 [　]

きのうから ダイエットを はじめ [　]

[　]

きのう(키노-) 어제
ダイエット(다이엣토) 다이어트
はじめる(하지메루) 시작하다 **2G**

⑤ 학교에서 소풍을 다녀왔다.

갓꼬-데 엔소꾸니 잇떼 키 [　]

がっこうで えんそくに いって き [　]

[　]

がっこう(갓꼬-) 학교
えんそくに いく(엔소꾸니 이꾸) 소풍을 가다 **1G**
くる(쿠루) 오다 **3G**

고항오 타베따 아또데 데카께루

패턴 097

밥을 먹은 후에 외출한다

강의보기
음성듣기

동사의 타(た)형 뒤에 「~따 아또데(た あとで)」가 붙으면 '~한 뒤에, ~한 후에'라는 뜻이 돼. 앞의 일이 끝난 후 다음 일이 일어나는 것을 나타내지. 앞에서 배운 「~테까라(てから)」와 같은 표현이야.

대표 문장 🎧01

| 고항오
ごはんを
밥을 | 타베따 아또데
たべた あとで
먹은 후에 | 데카께루
でかける
외출한다 |

다음 문장을 들으면서 그대로 따라해봐!

🎧02 **카미오 아랏따 아또데 카와까시마스** 머리를 감은 후에 말립니다.
かみを あらった あとで かわかします。

🎧03 **도라마오 미따 아또데 네마스** 드라마를 본 후에 잡니다.
ドラマを みた あとで ねます。

🎧04 **쇼꾸지오 시따 아또데 코-히-오 노무** 식사를 한 후에 커피를 마신다.
しょくじを した あとで コーヒーを のむ。

05 WORD
고항(ごはん) 밥   타베루(たべる) 먹다 `2G`   데카께루(でかける) 외출하다 `2G`   카미오 아라우(かみを あらう) 머리를 감다 `1G`   카와까스(かわかす) 말리다 `1G`   도라마(ドラマ) 드라마   미루(みる) 보다 `2G`   네루(ねる) 자다 `2G`   쇼꾸지(しょくじ) 식사   스루(する) 하다 `3G`   코-히-(コーヒー) 커피   노무(のむ) 마시다 `1G`

~따/다 아또데(た/だ あとで)를 빈칸에 넣어서 직접 문장을 완성해봐!

🎧11

🎧06 ❶ 모두 모인 후에 사진을 찍는다.

민나 아쯔맛 따 아또데 **샤싱오 토루**

みんな あつまっ た あとで しゃしんを とる。

みんな あつまった あとで しゃしんを とる。

みんな(민나) 모두
あつまる(아쯔마루) 모이다 1G
しゃしん(샤싱) 사진
とる(토루) 찍다 1G

🎧07 ❷ 일이 끝난 후에 술을 마신다.

시고또가 오왓 ⬜ **오사께오 노무**

しごとが おわっ ⬜ おさけを のむ。

⬜

しごと(시고또) 일, 업무
おわる(오와루) 끝나다 1G
おさけ(오사께) 술
のむ(노무) 마시다 1G

🎧08 ❸ 집에 돌아간 뒤에 전화할게요.

우찌니 카엣 ⬜ **뎅와시마스네**

うちに かえっ ⬜ でんわしますね。

⬜

うちに かえる(우찌니 카에루)
집에 돌아가다 1G
でんわする(뎅와스루)
전화하다 3G

🎧09 ❹ 창문을 닫은 후에 방을 나갑니다.

마도오 시메 ⬜ **헤야오 데마스**

まどを しめ ⬜ へやを でます。

⬜

まど(마도) 창문
しめる(시메루) 닫다 2G
へや(헤야) 방
でる(데루) 나가다 2G

🎧10 ❺ 운동한 후에 스트레칭을 해 주세요.

운도-시 ⬜ **스토렛치오 시떼 쿠다사이**

うんどうし ⬜ ストレッチを して ください。

⬜

うんどうする(운도-스루)
운동하다 3G
ストレッチ(스토렛치) 스트레칭
~て ください(떼 쿠다사이)
~해 주세요

하레따라 피쿠닛쿠니 이키따이

패턴 098

날씨가 개면 소풍 가고 싶어

▶ 강의보기
🔊 음성듣기

동사의 과거형(た형) 뒤에 「~따라(たら)」가 붙으면 '~하면, ~한다면'이라는 뜻이 돼. 「AたらB」의 형태로 'A라는 조건이 충족된 후에 B가 일어난다'는 의미인데, 주로 어떤 일이 일어난 다음에 일어나는 현상이나 할 행동을 말할 때 써. 가장 많이 쓰는 가정표현이야.

대표문장 ▶01

하레**따라**	피쿠닛쿠니	이키따이
は れ **た ら**	ピ ク ニ ッ ク に	い き た い
날씨가 개면	소풍(에)	가고 싶어

다음 문장을 들으면서 그대로 따라해봐!

▶02
보탕오	오시**따라**	오유가	데루	버튼을 누르**면** 뜨거운 물이 나온다.
ボタンを	おし**たら**	おゆが	でる。	

▶03
미찌니	마욧**따라**	치즈오	미떼	길을 잃**으면** 지도를 봐.
みちに	まよっ**たら**	ちずを	みて。	

▶04
에끼니	츠이**따라**	뎅와시떼	쿠다사이	역에 도착**하면** 전화하세요.
えきに	つい**たら**	でんわして	ください。	

05 하레루(はれる) 날씨가 개다 `2G`　피쿠닛쿠(ピクニック) 피크닉, 소풍　이꾸(いく) 가다 `1G`
~따이(たい) ~하고 싶다　보탕(ボタン) 버튼　오스(おす) 누르다 `1G`　오유(おゆ) 뜨거운 물
데루(でる) 나오다 `2G`　미찌니 마요우(みちに まよう) 길을 잃다 `1G`　치즈(ちず) 지도　미루(みる) 보다 `2G`
에끼(えき) 역　츠꾸(つく) 도착하다 `1G`　뎅와스루(でんわする) 전화하다 `3G`

~따라/다라(たら/だら)를 빈칸에 넣어서 직접 문장을 완성해봐!

① 모퉁이를 돌면 은행이 있습니다.

카도오 마갓 [따라] 깅꼬-가 아리마스

かどを まがっ [たら] ぎんこうが あります。

かどを まがったら ぎんこうが あります。

かど(카도) 모퉁이
まがる(마가루) 돌다 **1G**
ぎんこう(깅꼬-) 은행
ある(아루) 있다 **1G**

② 피곤하면 조금 쉬세요.

츠까레 [　　] 스꼬시 야슨데 쿠다사이

つかれ [　　] すこし やすんで ください。

つかれる(츠까레루) 피곤하다 **2G**
すこし(스꼬시) 조금, 약간
やすむ(야스무) 쉬다 **1G**

③ 배가 고프면 빵을 먹어~.

오나까가 스이 [　　] 팡오 타베떼네

おなかが すい [　　] パンを たべてね。

おなかが すく(오나까가 스꾸) 배가 고프다 **1G**
パン(팡) 빵
たべる(타베루) 먹다 **2G**

④ 여름이 되면 바다에 가고 싶어.

나쯔니 낫 [　　] 우미니 이키따이

なつに なっ [　　] うみに いきたい。

なつ(나쯔) 여름
～に なる(니 나루) ~이 되다 **1G**
うみ(우미) 바다
いく(이꾸) 가다 **1G**

⑤ 메시지를 읽으면 1이 사라져요.

멧세-지오 욘 [　　] 이찌가 키에룬데스

メッセージを よん [　　] いちが きえるんです。

メッセージ(멧세-지) 메시지
よむ(요무) 읽다 **1G**
いち(이찌) 1(일)
きえる(키에루) 사라지다 **2G**

패턴 099

오-사까니 잇따 코또가 아리마스
오사카에 간 적이 있습니다

강의보기
음성듣기

동사의 타(た)형 뒤에「〜따 코또가 아리마스(た ことが あります)」가 붙으면 '〜한 적이 있습니다'라는 경험의 뜻이 돼. 반말 표현은「〜따 코또가 아루(た ことが ある)」야.

대표문장 01

| 오-사까니
おおさかに
오사카에 | 잇따
いった
간 | 코또가 아리마스
ことが あります
적이 있습니다 |

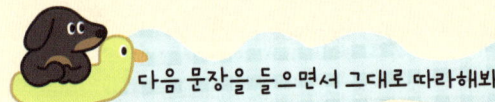
다음 문장을 들으면서 그대로 따라해봐!

02 **후지산니** **노봇따** **코또가** **아리마스**   후지산에 오른 적이 있습니다.
　　ふじさんに　のぼった　ことが　あります。

03 **타까라꾸지니** **아탓따** **코또가** **아루**   복권에 당첨된 적이 있다.
　　たからくじに　あたった　ことが　ある。

04 **코와이** **유메오** **미따** **코또가** **아루**   무서운 꿈을 꾼 적이 있다.
　　こわい　ゆめを　みた　ことが　ある。

05 　오-사까(おおさか) 오사카〈지명〉　　이꾸(いく) 가다 1G　　후지산(ふじさん) 후지산　　노보루(のぼる) 오르다 1G
　　타까라꾸지(たからくじ) 복권　　아따루(あたる) 당첨되다 1G　　코와이(こわい) 무섭다
　　유메오 미루(ゆめを みる) 꿈을 꾸다 2G

262

~따/다 코또가 아루/아리마스(た/だ ことが ある/あります)를 빈칸에 넣어서 직접 문장을 완성해봐!

🎧11

🎧06 ① 토끼를 키운 적이 있습니다.

　　우사기오 캇 　따 코또가 아리마스

　　うさぎを かっ　た ことが あります。

　　うさぎを かった ことが あります。

うさぎ(우사기) 토끼
かう(카우) 키우다 1G

🎧07 ② 오키나와 요리를 먹은 적이 있다.

　　오끼나와 료-리오 타베

　　おきなわ りょうりを たべ

おきなわ りょうり(오끼나와 료-리) 오키나와 요리
たべる(타베루) 먹다 2G

🎧08 ③ 과식해서 배탈이 난 적이 있다.

　　타베스기떼 오나까오 코와시

　　たべすぎて おなかを こわし

たべすぎる(타베스기루) 과식하다 2G
おなかを こわす(오나까오 코와스) 배탈이 나다 1G

🎧09 ④ 피아노 콩쿠르에서 우승한 적이 있다.

　　피아노 콩쿠-루데 유-쇼-시

　　ピアノコンクールで ゆうしょうし

ピアノ(피아노) 피아노
コンクール(콩쿠-루) 콩쿠르
ゆうしょうする(유-쇼-스루) 우승하다 3G

🎧10 ⑤ 막걸리를 마신 적이 있습니까?

　　맛코리오 논　　　　까

　　マッコリを のん　　　　か。

マッコリ(맛코리) 막걸리
のむ(노무) 마시다 1G

아메가 훗따리 얀다리 시마스

비가 내렸다 그쳤다 합니다

동사의 타(た)형 뒤에 「～따리 ～따리(～たり ～たり)」가 붙으면 '～하기도 하고 ～하기도 하고, ～했다 ～했다'라는 뜻이 돼. 어떤 동작이나 상태를 열거할 때 쓰는 말이야.

대표 문장 01

아메가	훗**따리** 얀**다리**	시마스
あめが	ふっ**たり** やん**だり**	します
비가	내렸다 그쳤다	합니다

다음 문장을 들으면서 그대로 따라해봐!

02 **아카쨩가 나이따리 와랏따리 시마스** 아기가 울었다 웃었다 합니다.
あかちゃんが ないたり わらったり します。

03 **뎅끼가 츠이따리 키에따리 시마스** 전등이 켜졌다 꺼졌다 합니다.
でんきが ついたり きえたり します。

04 **이누또 아손다리 하싯따리 스루** 개와 놀거나 달리거나 한다.
いぬと あそんだり はしったり する。

05 아메(あめ) 비　후루(ふる) 내리다 1G　야무(やむ) 그치다 1G　아카쨩(あかちゃん) 아기
나꾸(なく) 울다 1G　와라우(わらう) 웃다 1G　뎅끼(でんき) 전기, 전등　츠꾸(つく) 켜지다 1G
키에루(きえる) 꺼지다 2G　이누(いぬ) 개　아소부(あそぶ) 놀다 1G　하시루(はしる) 달리다 1G

~따리/다리(たり/だり)를 빈칸에 넣어서 직접 문장을 완성해봐!

🎧11

06 ❶ 역 앞을 왔다 갔다 합니다.

에끼노 마에오 잇 [따리] 키 [따리] 시마스
えきの まえを いっ[たり] き[たり] します。
えきの まえを いったり きたり します。

えき(에끼) 역
まえ(마에) 앞
いく(이꾸) 가다 1G
くる(쿠루) 오다 3G

07 ❷ 블로그를 쓰기도 하고 게임을 하기도 한다.

부로구오 카이 [　] 게-무오 시 [　] 스루
ブログを かい[　] ゲームを し[　] する。

ブログ(부로구) 블로그
かく(카꾸) 쓰다 1G
ゲーム(게-무) 게임
する(스루) 하다 3G

08 ❸ 바닥을 쓸기도 하고 닦기도 했습니다.

유까오 하이 [　] 후이 [　] 시마시따
ゆかを はい[　] ふい[　] しました。

ゆか(유까) 바닥
はく(하꾸) 쓸다 1G
ふく(후꾸) 닦다 1G

09 ❹ 만화책을 읽거나 낮잠을 자거나 했다.

망가오 욘 [　] 히루네오 시 [　] 시따
まんがを よん[　] ひるねを し[　] した。

まんが(망가) 만화(책)
よむ(요무) 읽다 1G
ひるねを する(히루네오 스루) 낮잠을 자다 3G

10 ❺ 콧물이 났다 기침이 났다 했다.

하나미즈가 데 [　] 세끼가 데 [　] 시따
はなみずが で[　] せきが で[　] した。

はなみず(하나미즈) 콧물
でる(데루) 나오다 2G
せき(세끼) 기침

한자는 일본어의 힘이야. 읽으면서 따라 써봐!

当たる [아따루]	当たる		運動 [운도-]	運動	
당첨되다			운동		
遠足 [엔소꾸]	遠足		王子 [오-지]	王子	
소풍			왕자		
押す [오스]	押す		帰る [카에루]	帰る	
누르다			돌아가다		
角 [카도]	角		消える [키에루]	消える	
모퉁이			꺼지다, 사라지다		
ご飯 [고항]	ご飯		咲く [사꾸]	咲く	
밥			(꽃이) 피다		
桜 [사꾸라]	桜		食事 [쇼꾸지]	食事	
벚꽃			식사		

한자는 일본어의 힘이야. 읽으면서 따라 써봐!

たから 宝くじ [타까라꾸지] 복권	たから 宝くじ		ち ず 地図 [치즈] 지도	ち ず 地図
つ 着く [츠꾸] 도착하다	つ 着く		でん き 電気 [뎅끼] 전기, 전등	でん き 電気
ひる ね 昼寝 [히루네] 낮잠	ひる ね 昼寝		ほし 星 [호시] 별	ほし 星
ま 曲がる [마가루] 돌다	ま 曲がる		まど 窓 [마도] 창문	まど 窓
みち 道 [미찌] 길	みち 道		や 止む [야무] 그치다, 멎다	や 止む
りょう り 料理 [료-리] 요리	りょう り 料理		りょこうさき 旅行先 [료꼬-사끼] 여행 갈 곳	りょ こう さき 旅行先

부록

그림으로 익히는 표현

패턴 찾기

정답 체크

그림으로 익히는 표현

① 위치를 나타내는 고소아도

이것	그것	저것	어느 것
코레 これ	소레 それ	아레 あれ	도레 どれ
이~	그~	저~	어느~
코노 この	소노 その	아노 あの	도노 どの
이곳	그곳	저곳	어느 곳
코꼬 ここ	소꼬 そこ	아소꼬 あそこ	도꼬 どこ

도노 쿠루마 (どの くるま)? '어느 차?'와 같이 써.

아꼬(あこ)가 아니라 아소꼬(あそこ)라고 써야 돼.

② 숫자 읽기

이찌 / いち　　니 / に　　상 / さん　　욘/시 / よん/し　　고 / ご

로꾸 / ろく　　나나/시찌 / なな/しち　　하찌 / はち　　큐-/쿠 / きゅう/く　　쥬- / じゅう

햐꾸
ひゃく

셍
せん

고셍
ごせん

이찌망
いちまん

③시간/분 읽기

1분	2분	3분	4분	5분
잇뿡 いっぷん	니훙 にふん	산뿡 さんぷん	욘뿡 よんぷん	고훙 ごふん
6분	7분	8분	9분	10분
롯뿡 ろっぷん	나나훙 ななふん	핫뿡 はっぷん	큐-훙 きゅうふん	즛뿡 じゅっぷん

④ 개수 세기

히토쯔 ひとつ　　**후타쯔** ふたつ　　**밋쯔** みっつ

욧쯔 よっつ　　**이츠쯔** いつつ

⑤ 사람 수 세기

히또리 ひとり　　**후따리** ふたり　　**산닝** さんにん

요닝 よにん　　**고닝** ごにん

⑥ 월 세기

 1月
 2月
 3月
 4月

이찌가쯔	니가쯔	상가쯔	시가쯔
いちがつ	にがつ	さんがつ	しがつ

 5月
 6月
 7月
 8月

고가쯔	로꾸가쯔	시찌가쯔	하찌가쯔
ごがつ	ろくがつ	しちがつ	はちがつ

 9月
 10月
 11月
 12月

쿠가쯔	쥬-가쯔	쥬-이찌가쯔	쥬-니가쯔
くがつ	じゅうがつ	じゅういちがつ	じゅうにがつ

⑦ 날짜 세기

SUN	MON	TUE	WED	THU	FRI	SAT
	1 츠이타찌 ついたち	**2** 후츠까 ふつか	**3** 밋까 みっか	**4** 욧까 よっか	**5** 이츠까 いつか	**6** 무이까 むいか
7 나노까 なのか	**8** 요-까 ようか	**9** 코꼬노까 ここのか	**10** 토-까 とおか			

⑧ 사계절

봄	여름	가을	겨울
하루 はる	나쯔 なつ	아끼 あき	후유 ふゆ

⑨ 위치 표현

| 우에
うえ
위 | 시따
した
아래 | 마에
まえ
앞 |

| 우시로
うしろ
뒤 | 나까
なか
안 | 소또
そと
밖 |

⑩ 가족 명칭

| 아빠
치찌
ちち | 엄마
하하
はは |

| 남동생
오또-또
おとうと | 여동생
이모-또
いもうと | 나
와따시
わたし | 언니, 누나
아네
あね | 오빠, 형
아니
あに |

패턴 찾기

의미	패턴 번호	패턴	페이지
누군가(누구~)	041	다레까(だれか)	116
~라고 생각합니다	071	동사 기본형+또 오모이마스(と おもいます)	184
~라고 합니다	057	명사+또 이-마스(と いいます)	152
~로 하겠습니다	060	명사+니 시마스(に します)	158
~만, ~뿐	062	명사+다께(だけ)	162
몇 개?	038	이쿠쯔(いくつ)	110
무슨	049	난노(なんの)	132
무엇	048	나니・난(なに・なん)	130
뭔가	050	나니까(なにか)	134
~밖에 없습니다	064	명사+시까 아리마셍(しか ありません)	166
~부터 ~까지	056	명사+까라 명사+마데(から~まで)	150
아무것도	051	나니모(なにも)	136
아무도	042	다레모(だれも)	118
어디에서?	045	도꼬데(どこで)	124
어때?	043	도-(どう)	120
어떤	047	돈나(どんな)	128
언제?	040	이쯔(いつ)	114
얼마?	039	이꾸라(いくら)	112
얼마나?	046	도노구라이(どのぐらい)	126
~에는	063	명사+니와(には)	164
~와	053	명사+또(と)	144
왜?	044	도-시떼(どうして)	122
~을 갖고 싶습니다	054	명사+가 호시-데스(が ほしいです)	146
~을 만납니다	058	명사+니 아이마스(に あいます)	154
~을 좋아합니다/ 싫어합니다	059	명사+가 스끼데스/키라이데스 (が すきです/きらいです)	156
~을 주세요	065	명사+오 쿠다사이(を ください)	168
~이 됩니다	061	명사+니 나리마스(に なります)	160
~이 아니다	003	명사+쟈 나이(じゃ ない)	20
~이 아니었다	004	명사+쟈 나캇따(じゃ なかった)	22
~이 아니었습니다	008	명사+쟈 나캇따데스(じゃ なかったです)	30

의미	패턴 번호	패턴	페이지
~이 아닙니다	007	명사+쟈 나이데스(じゃ ないです)	28
~이 있습니다	052	명사+가 아리마스/이마스(が あります/います)	142
~이다	001	명사+다(だ)	16
~이었다	002	명사+닷따(だった)	18
~이었습니다	006	명사+데시따(でした)	26
~입니까? ~입니까?	055	명사+데스까, 명사+데스까(ですか~ですか)	148
~입니다	005	명사+데스(です)	24
지나치게 ~했습니다	076	동사 마스형+스기마시따(すぎました)	198
~하게 하다	028	이형용사 어간+꾸 스루(くする)	78
~하고	070	동사 기본형+시(し)	182
~하고 나서	090	동사 테형+테까라(てから)	238
~하고 싶다	077	동사 마스형+따이(たい)	200
~하고 있습니다	089	동사 테형+떼 이마스(て います)	236
~하고, ~해서	018	나형용사 어간+데(で)	54
~하고, ~해서	027	이형용사 어간+쿠떼(くて)	76
~하고, ~해서	087	동사 테형+떼(て)	232
~하기도 하고 ~하기도 하고	100	동사 타형+따리, 동사 타형+따리(たり~たり)	264
~하기로 합니다	068	동사 기본형+코또니 시마스(ことに します)	178
~하기 쉽다	078	동사 마스형+야스이(やすい)	202
~하기 어렵다	079	동사 마스형+니꾸이(にくい)	204
~하기 전에	069	동사 기본형+마에니(まえに)	180
~하는, ~한	017	나형용사 어간+나(な)	52
~하는 방법	075	동사 마스형+카따(かた)	196
~하다	009	나형용사 어간+다(だ)	36
~하다	019	이형용사 기본형	60
~하다	030	동사 기본형	88
~하러 갑니다	074	동사 마스형+니 이끼마스(に いきます)	194
~하면	098	동사 타형+따라(たら)	260
~하면서	073	동사 마스형+나가라(ながら)	192
~하면 안 됩니다	095	동사 테형+떼와 이께마셍(ては いけません)	248
~하지 마세요	082	동사 나이형+나이데 쿠다사이(ないで ください)	216
~하지 않는 게 좋아	084	동사 나이형+나이 호-가 이-(ない ほうが いい)	220
~하지 않다	011	나형용사 어간+쟈 나이(じゃない)	40
~하지 않다	021	이형용사 어간+꾸 나이(くない)	64
~하지 않다	080	동사 나이형+나이(ない)	212

278

의미	패턴 번호	패턴	페이지
~하지 않도록	083	동사 나이형+나이요-니(ないように)	218
~하지 않습니다	015	나형용사 어간+쟈 나이데스(じゃないです)	48
~하지 않습니다	025	이형용사 어간+꾸 나이데스(くないです)	72
~하지 않습니다	033	동사 마스형+마셍(ません)	96
~하지 않아서	085	동사 나이형+나쿠떼(なくて)	222
~하지 않았다	012	나형용사 어간+쟈 나캇따(じゃなかった)	42
~하지 않았다	022	이형용사 어간+꾸 나캇따(くなかった)	66
~하지 않았다	081	동사 나이형+나캇따(なかった)	214
~하지 않았습니다	016	나형용사 어간+쟈 나캇따데스(じゃなかったです)	50
~하지 않았습니다	026	이형용사 어간+꾸 나캇따데스(くなかったです)	74
~하지 않았습니다	034	동사 마스형+마셍데시따(ませんでした)	98
~하지 않을래요?	037	동사 마스형+마셍까(ませんか)	104
~한 뒤에	097	동사 타형+따 아또데(た あとで)	258
~한 적이 있습니다	099	동사 타형+따 코또가 아리마스(た ことが あります)	262
~할까요?	036	동사 마스형+마쇼-까(ましょうか)	102
~할 수 있습니다	066	동사 기본형+코또가 데끼마스(ことが できます)	174
~할 예정(생각)입니다	067	동사 기본형+츠모리데스(つもりです)	176
~합니다	013	나형용사 어간+데스(です)	44
~합니다	023	이형용사 기본형+데스(です)	68
~합니다	031	동사 마스형+마스(ます)	92
~합시다	035	동사 마스형+마쇼-(ましょう)	100
~해도 됩니까?	094	동사 테형+떼모 이-데스까(ても いいですか)	246
~해 둡니다	091	동사 테형+떼 오끼마스(て おきます)	240
~해 버렸습니다	093	동사 테형+떼 시마이마시따(て しまいました)	244
~해 봅니다	092	동사 테형+떼 미마스(て みます)	242
~해야 합니다	086	동사 나이형+나께레바 나리마셍 (なければ なりません)	224
~해요, ~하거든요	072	동사 기본형+은데스(んです)	186
~해 주세요	088	동사 테형+떼 쿠다사이(て ください)	234
~해지다	029	이형용사 어간+꾸 나루(くなる)	80
~했다	010	나형용사 어간+닷따(だった)	38
~했다	020	이형용사 어간+캇따(かった)	62
~했다	096	동사 타형+따(た)	256
~했습니다	014	나형용사 어간+데시따(でした)	46
~했습니다	024	이형용사 어간+캇따데스(かったです)	70
~했습니다	032	동사 마스형+마시따(ました)	94

정답 체크

91쪽

키 마 스
きます 옵니다

요 미 마 스
よみます 읽습니다

하 나 시 마 스
はなします 이야기합니다

미 마 스
みます 봅니다

카 끼 마 스
かきます 씁니다

231쪽

오 키 떼
おきて 일어나고

욘 데
よんで 읽고

미 가 이 떼
みがいて 닦고

타 베 떼
たべて 먹고

잇 떼
いって 가고

시 떼
して 하고

아 손 데
あそんで 놀고

211쪽

우 따 와 나 이
うたわない 부르지 않는다

아 게 나 이
あげない 주지 않는다

이 까 나 이
いかない 가지 않는다

토 라 나 이
とらない 찍지 않는다

미 나 이
みない 보지 않는다

아 소 바 나 이
あそばない 놀지 않는다

하 나 사 나 이
はなさない 이야기하지 않는다

코 나 이
こない 오지 않는다

255쪽

타 베 따
たべた 먹었다

논 다
のんだ 마셨다

오 요 이 다
およいだ 수영했다

우 탓 따
うたった 불렀다

운 도 - 시 따
うんどうした 운동했다

욘 다
よんだ 읽었다